KB002533

완벽한 계획과 완벽한 상상만 가진
우리들에게 필요한 단 하나

일단 실행

완벽한 계획과 완벽한 상상만 가진 우리들에게 필요한 단 하나

일단 실행

초판 1쇄 발행일 2018년 10월 25일

지은이 한재명
펴낸이 김순일
펴낸곳 미래문화사
브랜드 미래비즈
등록번호 제2014-000151호
등록일자 1976년 10월 19일
주소 경기도 고양시 덕양구 고양대로 1916번길 50 스타캐슬 3동 302호
전화 02-715-4507 / 713-6647
팩스 02-713-4805
홈페이지 www.miraepub.co.kr
블로그 blog.naver.com/miraepub

ⓒ 한재명 2018

ISBN 978-89-7299-499-2 03320

- 미래문화사에서 여러분의 원고를 기다립니다.
  단행본 원고를 mirae715@hanmail.net으로 보내주세요.
- 저작권법에 따라 보호받는 저작물이므로 저작권자와 출판사의 서면 동의 없이
  내용의 전부 또는 일부를 인용, 발췌하는 것을 금합니다.
- 잘못 만들어진 책은 구입하신 곳에서 바꾸어 드립니다. 책값은 뒤표지에 있습니다.
- 이 도서의 국립중앙도서관 출판예정도서목록(CIP)은 서지정보유통지원시스템 홈페이지
  (http://seoji.nl.go.kr)와 국가자료공동목록시스템(http://www.nl.go.kr/kolisnet)에서
  이용하실 수 있습니다.(CIP제어번호: CIP2018030514)

일단 실행

완벽한 계획과
완벽한 상상만 가진
**우리들에게 필요한
단 하나__**

한재명 지음

Mirae biz
미래비즈

'1 / 8,140,000'

이 숫자의 뜻을 알고 있는가?

이 숫자에 관한 이야기는 참으로 많다. 번개를 두 번 맞고 뱀에 한 번 물릴 확률이라고도 하고, 우주 대칭의 철학을 담은 거울수라는 말도 있다. 또한, 누구는 졸부로, 누구는 신용불량자로 만든 숫자라고도 한다. 이쯤 되면 눈치챘을 것이다. 이 숫자는 바로 로또에 당첨될 확률이다. 우리는 종종 로또에 당첨된다면 무엇을 할까 상상한다. 814만 분의 1이라는 희박한 가능성이지만 정말 내게 당첨의 행운이 주어진다면 얼마나 행복할까 말이다. 상상은 자유지만 그전에 해야 할 일이 있다. 바로 로또부터 구매하는 행동이 필요하다.

"대표님은 언제 쉬세요?"

모임에서 만난 지인이나 고객에게 종종 듣는 이야기다. 수많은 영업 스킬 중에서도 사람을 많이 만나고 행사나 모임에 적극적으로 참여하는 것이 영업 스킬의 기본이다. 나는 기본에 충실할 뿐인데 사람들은 쉬지 않고 행동하는 사람으로 보는 것 같다. 감사하기도 하고 멋쩍기도 하다. 하지만 나 역시 이불 속을 좋아하고 만나고 싶은 사람만 만나고 싶은 평범한 사람에 지나지 않는다.

처음 영업을 시작했을 때 걱정거리가 많았다. 지금 생각하면 모든 걱정거리를 혼자 지고 있었던 것처럼 아무것도 아닌 걱정도 심각하게 고민했다. 하지만 딱 거기까지였다. 걱정만 했을 뿐이다.

어느 날, 만나야 할 고객, 선배의 대타 고객, 예비 방문 고객 등 여러 건의 미팅이 있어 정신없는 하루를 보낸 적이 있다. 몸은 힘들었지만 정신은 맑았다. 밥도 잘 먹었고 간만에 잠도 푹 잤다. 다음 날 아침, 전날과 같은 경험을 해보고 싶었다. 그래서 어제와 똑같이 많은 미팅을 잡았고 예정에 없던 행사에도 참석해 정신없는 하루를 보냈다. 그날도 똑같이 정신은 맑았고 계약도 성사했다. 그 이틀간의 경험으로 마음속에 작은 울림이 다가오는 것을 느낄 수 있었다. 그 후 고민보다 행동에 집중하자는 원칙을 세웠다.

행동은 참 묘한 매력을 가지고 있다. 행동은 건강한 긴장감을 주고, 창의력을 적극적으로 끌어오며, 다양한 성과를 창출한다. 행동은 하면 할수록 고민은 없어지고 행동을 잘하는 노하우가 쌓여 더 많은 성과를 낸다.

행동력을 높이는 천기누설이란 바로 기본에 집중하는 것이다. 다이어트를 생각해보자. 세상에는 수많은 다이어트 비법이 존재하고, 다이어트에 성공한 사람들이 말하는 비법 또한 저마다 제각각이다. 하지만 기본은 똑같다. 먹는 칼로리에 비해 태우는 칼로리를 높이면 되는 것이다. 행동도 마찬가지다. 행동을 잘하는 방법은 고민보다 행동을 많이 하면 된다.

경제가 저성장 늪에서 빠져나오지 못하고 있다. 그렇다 보니 연령, 직업에 상관없이 모두가 힘든 상황에 놓여 있다는 것을 현장에서 매일 느끼고 있다. 힘든 상황 때문에 사람들의 고민 역시 많아졌다.

여기서 관점을 바꿔보자. 우리가 고민이 없었던 시절이라면 기억 속에도 없는 유아기 때 빼고는 없다. 우리는 경제 상황과 상관없이 늘 고민하고 걱정하며 살았다. 고민과 걱정은 우리의 숙명일지 모른다. 하지만 고민과 걱정은 해결책이 되지 못한다. 유일한 해결책은 행동뿐이다.

힘든 상황에 놓여 있다면 행동에 집중하자. 만약 행동을 방해하는 것이 있다면 그중 하나가 목표하는 대상으로부터의 거절일 것이다. 영업은 거절이 일상으로, 매일매일 행동을 어렵게 하는 거절을 받게 된다. 거절하는 과정에서 자존감마저 꺾이는 일도 비일비재하다. 나를 포함한 수많은 영업인들은 이런 거절을 이겨내고 행동에 집중한다.

매일매일 거절을 받고 사는 영업인이 어떻게 행동에만 집중하는지, 그리고 행동에 필요한 다양한 방법들에 대해 이야기하고 싶었다. 그리고 내 경험은 물론 세계적으로 유명한 인물, 알려지지 않은 영업의 고수, 행동에 실패한 사람 등 다양한 사람들의 이야기도 함께 전하고 싶었다. 이 책을 통해 많은 사람들이 고민보다 행동에 집중하길 기도해본다.

끝으로 나의 삶의 전부가 되시는 아버지 하나님께 모든 감사와 영광을 돌리며 늘 저의 영혼이 잘되기 위해 기도해 주시는 당회장님, 총지도 교사님, 담임목사님, 부목사님과 믿음의 식구들에게 감사드리며 이 책을 쓰는 데 있어 게을러지지 않도록 독려하고 많은 도움을 주신 위드원교육연구소 윤석일 대표님, 매주 함께 새벽을 깨우며 독서하는 소중한 파워나비 모든 회원님들과 사랑하는 양가 부모님, 함께 사는 것만으로도 힘이 되는 사랑하는 아내 홍주영, 세상에서 제일 예쁜 공주 딸 은영이에게 감사를 전한다.

원고를 흔쾌히 받아 주시고 멋진 책으로 출간해 주신 미래문화사 김순일 대표님과 임직원 분들, 바쁜 와중에도 추천사를 써주신 존경하는 여덟 분과 저의 삶을 늘 응원해 주시는 모든 분들께 머리 숙여 감사드린다.

거절을 이기러 가는 행동을 앞두고
한재명

영업맨들의 현장 상황을 적나라하게 분석,
새로운 지침과 방향을 제시한다

김헌태

전 대전 MBC 뉴스 앵커, 대전투데이 논설고문, 부패방지방송전국사장

한재명 대표가 큰일을 해냈습니다. 평소 겸손하면서도 외유내강의 소신과 청렴함, 그리고 모든 일에 성실한 모습으로 최선을 다하는 한재명 대표의 열정을 지켜보면서 본인은 선배로서 후배인 그대가 늘 큰일을 하리라 체감하고 있었습니다.

사실 집필執筆이라는 작업은 참으로 어렵기도 하고 두렵기도 한 일입니다. 전달하고자 하는 내용에 대한 경험과 소신, 확신, 무한한 고뇌苦惱와 성찰省察이 그만큼 뒤따라야 하기 때문입니다. 책이야말로 독자들에게 전달하고자 한 작가의 생각과 진실성, 글의 품격 등이 함축의미로 담겨지는 것입니다. 책은 저자의 영혼의 소리가 담겨지는 산고産苦를 통해서만 탄생하는 참으로 위대한 산물産物입니다. 이를 한재명 후배님이 해낸 것입니다. 혼신을 다해 방대한 집필 자료와 자신의 체험을 통해 얻은 갖가지 사례를 종합하고 열정을 쏟아 부은 이 책은 한재명 대표의 열정이 담겨져 진한 감동으로 다가옵니다. 정말 자랑스럽고 참으로 훌륭합니다.

'일단 실행'이라는 이 책의 제목이 말하듯이 저자 자신이 보험영업을 통하여 얻은 실제 경험을 바탕으로 전개되는 내용들이 주류를 이루고 있습니다. 거절을 일상으로 접하는 영업맨들이 겪는 실제 현장 상황을 적나라하게 분석하여 지혜롭게 대처할 수 있도록 새로운 지침과 방향을 제시하고 있습니다. 또 하나의 특징은 사례와 구성, 글의 전개방법이 지루하지 않도록 꾸며져 이 책을 언제 다 읽었는지 모르게 금방 읽게 되는 마력이 담겨 있다는 것입니다. 당연히 독자들에게 친근하게 어필될 수 있는 부분이기도 합니다. 특히 영업 일선에 나선 초보 영업맨이나 중견 영업맨들조차도 영업 자세를 가다듬고 실행력을 높이고 이를 북돋아준다는 점에서 큰 지침서가 될 것입니다.

언제나 소통의 미학과 두려움이 없는 실천의지를 바탕으로 한 대인관계를 중시하며 거절을 두려워하지 말고 이를 실행력을 강화하는 디딤돌로 삼아야 한다고 강조합니다. 이런 저자의 제언과 경험담, 사례는 독자들의 공감을 얻기에 충분하다고 봅니다. 사실 커뮤니케이션은 화자와 청자, 인코더와 디코더의 관계에서 전달하고자 하는 화자의 메시지를 통하여 피드백이 이루어지는 과정이라고 볼 때 영업맨이 어떤 메시지를 어떤 방식으로 얼마나 진실하게 전달하느냐에 따라 '거절' 또는 '수락'이냐는 피드백 결과가 나오게 되는 것입니다.

한재명 대표는 이런 점을 통찰하여 실행력 즉 영업력을 높여나

갈 수 있는 진솔한 대안을 제시하고 있습니다. 저자가 특이한 방식의 제목을 설정한 것도 긍정의 영업 상황을 위한 실행력의 중요성을 강조하고자 함이 아닌가 생각합니다. 그래서 사전적 의미를 찾아보니 이른바 '거절拒絕'은 상대편의 요구, 제안, 선물, 부탁 따위를 받아들이지 않고 물리치는 것으로 풀이되고 있습니다. 영어로는 'Refusal'과 'Rejection' 등으로 쓰이고 있습니다. 이것은 두려움의 대상이자 영업의 실패라고 풀이가 되는 부정적인 단어입니다. 이와 상반된 긍정의 언어인 이른바 '수락受諾'은 요구를 받아들이는 것으로 영어로는 'Acceptance'입니다. 그야말로 긍정의 언어이자 영업맨들이 염원하는 영업 성공의 단어일 것입니다. 100%의 수락으로 영업이 이루어진다면 얼마나 좋겠습니까? 그러나 전쟁터와 같은 영업 현장에서 실제 접하는 거절의 쓰라림은 참으로 크고 자칫 자포자기로 이어질 수도 있습니다. 작가는 이것을 극복하기 위하여 '거절'을 능동적인 실행력實行力, 즉 자기의 생각을 실제 행하는 능력의 밑거름으로 활용하라고 제언하고 있습니다.

현장의 영업력은 이른바 실행력을 통해서 성취하는 것이지 우유부단하고 자신감이 없고 부정적일 때는 그 결실을 기대하기가 어렵다는 점을 분명하게 전하고 있습니다. 목표를 향하여 나아가는 힘인 추진력推進力과 모멘텀을 통하여 이를 성취하도록 조언을 하고 있습니다. 생활 전선에 뛰어든 영업맨이나 워킹맘에게 힘과 용기를 주는 제언입니다. '거절'은 곧 '기회'이며 '거듭' 부탁하고 '계속’ 거절당해도 굴하지 않고 상황을 기회로 역전시킬 수 있는 법을 제공하고 있습니다. 처음부터 ‘수락’이라는 결과물을 찾기는 힘들다는 것은 누구나 잘 알고 있습니다. 실행력을 통하여 ‘거절’을 ‘수락’으로 바꾸는 지혜는 바로 삼국지에서 제갈공명을 감동시키는 유비의 삼고초려 정신과 맥을 같이한다고 생각됩니다. 바로 ‘생각한 순간 즉시 실행’하는 자세, 그리고 거절을 수락으로 이어가고자 하는 의지로 ‘잘하는 것’이든 ‘못하는 것’이든 머릿속에 떠오르는 모든 것을 삼고초려 정신으로 실행에 옮기는 것이 당당한 영업맨의 자세라고 저자는 말하고 있습니다.

영업맨들의 갈등과 두려움을 심리적으로 잘 풀어내고 이를 조망眺望해 나가고자 하는 저자의 노력이 더욱 돋보입니다. ‘평범’ 속에 ‘비범함’을 그려내는 영업 전략의 순수성과 진솔함이 묻어납니다. 이 책의 내용들은 영업맨에게 힘과 자신감을 심어주고 있습니다. 저자의 노력과 땀 위에 기초하고 있는 이 책의 가치가 큰 이유가 바로 여기에 있습니다. 한재명 대표는 실제 보험업을 하고 있는 영업맨이자 칼럼니스트이며 킥복싱 지도자로 다방면에 출중한 능력을 빌휘하면서 ‘실행력’을 실천하는 모범적인 실천가이기도 합니다. 언제 어디서나 먼저 희생하고 봉사하는 솔선수범의 자세를 갖추고 살아가는 성실한 후배로 자랑스럽게 생각하고 있습니다. 그래서 그런지 이 책을 접하며 그 바쁜 일상에서도 값진 집필 노력을 기울여온 한재명 대표를 다시금 보게 되며 절로 머리가 숙여집니다.

작금의 어려운 경제난을 접하며 사는 이 시대의 한 사람으로서 한재명 대표의 실행력을 담은 이 책이 영업 실행력의 새로운 귀감龜鑑이 되길 바랍니다. 거절이란 두려움에 젖어 영업력을 상실한다면 결국 영업의 실패자로 남게 되며 성공은 저 멀리 달아날 뿐입니다. 한재명 대표가 담아내고자 하는 '거절을 이기는 절대 실행력'으로 무장하여 나름대로의 성공신화를 만들어 간다면 그 의미는 더욱 배가 될 것입니다.

일견一見해서 책의 목차만 보아도 한편의 영업 드라마를 보는 듯합니다. 특히 전편全篇에 흐르는 저자의 주옥같은 언어구사와 혼이 담긴 집필력에 경탄을 금할 수 없습니다. 한재명 대표는 이 시대가 갈망하는 귀한 저서 《일단 실행 - 완벽한 계획과 완벽한 상상만 가진 우리들에게 필요한 단 하나》를 모두에게 선물했습니다. 특히 이 책은 서민경제의 어려움이 짓누르는 힘든 시점에서 출간되어 생업 현장을 뛰는 모든 사람에게 희망의 등불이 될 것입니다. 이런 차원에서 한재명 대표의 역작力作이자 혼이 담긴 이 책이 널리 읽히고 알려져 모두에게 회자膾炙되길 진심으로 기원합니다.

•

윤은기
전 중앙공무원교육원, 한국협업진흥협회 회장

생각만 많다고 성공하는 것이 아니다. 생각만 하고 있으면 어떤 것도 이룰 수 없다. 생각 중에 가장 옳은 것을 뽑아내 행동화 시키는 사람이 성과를 이루어 낼 수 있다. 많은 사람이 이론을 알고 행동의 중요성까지는 알고 있지만 문제는 실천이다. 긴장과 거절의 연속 속에서도 즉시 행동할 수 있는 방법은 없을까! 이 책에는 현장에서만 배울 수 있는 행동 노하우가 담겨 있다.

●

정용기
국회의원

한재명 대표님 하면 열정이 가장 먼저 떠오른다. 그 누구보다 몇 배는 더 열정적으로 행동하는 모습 그대로 지치지 않는 열정과 행동 노하우가 이 책에 담겨 있다. 책을 읽다 보면 때로는 용기를 얻기도 하고, 때로는 혼이 나는 기분이 들기도 한다. 숨김없고 거침없는 한재명 대표님만의 행동 철학을 이 책을 통해 배울 수 있다.

●

서정현
자아실현연구소, 《인생편집》《적자생존》의 저자

일상에서 못하겠다는 말은 일상에서 끊임없는 핑계를 부른다. 반면 할 수 있는 것부터 찾아 행동하는 법을 아는 사람은 반드시 성공한다. 저자가 딱 그렇다. 매일 진검승부가 일어나는 영업 현장에서 긍정적인 실마리부터 찾아 행동한다. 그러한 노하우가 이 책에 담겨 있다. 저자의 눈물겨운 거절 극복법과 일머리의 행동력을 우리는 미안하게도 편안히 앉아 배울 수 있는 것이다.

●

김경혜
미래창조과학부 국가과학기술인력개발원

학교에서 가르쳐주지 않는 실천 바이블!

나와 같은 사회 초년생은 '점점 나태해지고 있는 나, 어떻게 하면 성실함을 찾고 부지런하게 실천할 수 있을까?'라는 생각을 자주하게 된다. 이런 생각이 들 때마다 한재명 대표님을 찾아가곤 하는데 대표님의 영업 마인드와 실천 의지를 보는 것만으로 동기부여를 갖게 된다. 이 책에는 그의 실천 인생과 구체적인 방법이 자세하게 담겨 있다. 사회초년생들이 인간관계와 실천이라는 벽에 부딪힐 때마다 이 책을 평생 옆에 두고 마음가짐을 다잡았으면 한다.

●

이창기
전 대전발전연구원장 / 대전대 행정학과 교수

나는 제자들 일로 부탁할 일이 많다. 그때마다 상대가 거절하면 어쩌지 하는 두려움 때문에 주저할 때가 더 많다. 진즉 이 책이 나왔더라면 거절을 이기는 실행력을 배웠을 텐데 하는 만시지탄晩時之歎의 느낌이 든다. 그래도 내가 스스럼없이 부탁을 잘해왔던 이유는 제자를 위한다는 명분과 상대가 거절하면 나에게 한번 빚을 지게 된다는 자기합리화 때문이었다.

앞으로는 이 책이 가르쳐준 대로 내 삶의 주인이 되기 위해 거절을 이기는 실행력을 기르기 위해 반복 학습하련다.

문성식

대한변호사협회 부협회장, 법무법인 C&I 대표변호사

이 책은 저자의 삶의 경험을 토대로 쓰인 것이다. 현대사회를 살아가는 젊은이들이 어떻게 거친 사회에서 용기를 갖고 헤쳐 나가면서 살아가야 하는지 그 지혜를 제시하는 저자의 글은 직장에서, 대학에서, 사회에서 새로운 길을 모색하는 사람들에게 큰 격려와 힘이 될 것이라 기대한다.

황운하

국립경찰대학교 교수부장, 경무관

저자의 삶은 열정 그 자체이다. 지난 20여 년간 삶과 영업의 최일선에서 수많은 거절을 극복하고 승리한 실행력은 본받을 만하다. 모든 선택은 상대의 몫이다. 두려워하지 말고 당장 생각한 것들을 실행으로 옮기자.

1

완벽한 계획과
완벽한 상상만 가진 우리들

2

거절에 무뎌지지 않는
절대 실행력 7가지 법칙

하나.
진불구명(進不求名)

1

완벽한 계획과
완벽한 상상만 가진 우리들

거절이야말로 실행의 원천이다

'거절에 대한 두려움은 학습된 것이기 때문에 제거할 수도 있다.'

— 브라이언 트레이시

세일즈는 '거절'을 먹고 성장하는 직업이다. 내게 있어 고객의 거절은 이 분야의 최고가 되기 위한 '담금질', '수련기'라는 믿음을 가지고 있다. 어느 한 분야의 고수가 되기 위해 반드시 지나야 하고 뛰어넘어야 하는 과정이라고 여긴다.

좋은 재질의 무쇠, 강철이라고 해도 수많은 담금질과 수련기를 거치지 않으면 '명검'이 되기 어렵다고 한다. 세상은 시련이라는 수련기와 시험을 통해 한 사람을 담금질한다. 명검이 되느냐 그저 무쇠 덩어리로 남느냐는 자신의 선택에 달려 있는 것이다. 내가 살아가고 있는 세일즈 세계 역시 '거절'이라는 치열한 시련을 통해 담금질되고 단련된다.

10년이 넘는 시간 동안 세일즈의 세계에 있으면서 좌절하고 넘어지는 수많은 동료들과 후배들을 보아왔다. 고객의 거절에 대한 두려움으로 극심한 스트레스를 견디지 못하고 우울증까지 겪는 사람들도 적지 않았다.

　"선배님. 전 고객을 만날 때 왜 그렇게 떨리고 긴장을 하는지 모르겠어요. 특히 정치계 또는 고위직에 있거나 소위 전문가들이라고 말하는 사람들은 더더욱 그래요. 저도 모르게 자신감이 떨어지고 주눅이 들어 말이 잘 나오지 않아요."

　"저는 친구들이나 아는 사람들에게 이 일을 한다는 사실을 말하지 못했어요. 사람들이 제가 세일즈를 한다는 것을 알면 경계하거나 무시할까봐 선뜻 이야기하기가 어렵네요."

　거절에 대한 두려움은 자신의 잠재력, 가능성, 믿음과 확신마저 갉아먹어 버린다. 나는 위와 같은 사례를 수도 없이 본다. 자신감이 결여되는 순간 전사의 갑옷을 잃게 된다. 그리고 고지를 눈앞에 두고도 전장을 떠나 버리고 만다. 과도한 두려움이 생기는 순간 고객을 만나 이야기할 엄두도 내지 못한다. 나 역시 세일즈 초보 시절 이와 다르지 않았다. 고객이 무심히 던지는 말 한마디가 심장에 꽂히기도 하고 삶의 전체가 흔들릴 때도 있었다.

　"두려움을 포착해 제거하는 훈련을 거듭하라. 모든 두려움은 그것을 불러일으킨 생각을 반복함으로써 학습된 것이기 때문에 이러한 반응을 거부하는 용기 있는 행동을 끊임없이 반복하면 제거된다."

성취심리의 대가이자 세일즈 분야의 전설적인 인물 브라이언 트레이시의 말이다. '거절의 두려움을 제거할 수 있다'는 그의 말은 당시 나에게 엄청난 자극과 힘을 주었다. 브라이언 트레이시는 20대 시절 아무런 세일즈의 지식과 경험도 없이 단지 살기 위해 이 세계에 뛰어든 인물이다.

그는 상품을 파는 보통의 세일즈맨들에게 자신의 초점을 맞추지 않고 이 분야의 최고의 세일즈맨들과 성공한 인물들에 대해 수집하고 연구하고 공통점을 찾아 데이터화하며 '거절=두려움=학습된 믿음=용기 있는 반복된 행동'으로 바꿀 수 있다고 말했다.

거절을 이기는 첫 번째 방법을 '체계적 둔감화Systematic Desensitization'라고 말한다. 행동치료 기법의 하나로 '자신에게 두려움을 주는 행위가 더는 두려워지지 않을 때까지 정면으로 마주하고 반복하는 것'을 말한다. 잠재의식 속에 각인된 두려움은 서로 연결되어 있어 하나의 두려움이 시작되면 각인되어 있던 다른 두려움들도 동시에 일어난다. 그 연결된 선을 계속하여 반복하여 끊어내고 제거하는 훈련을 하는 것이 바로 '체계적 둔감화' 훈련이다. 끊어내고 제거한 부분에 새로운 회로를 지속적으로 집어넣어 연결하는 것이다.

나는 이를 '고객의 거절=강력한 실행의 시발점'이라는 등식을 만들었다. 거절의 두려움이 생각을 침식하기 전에 '거절'하면 바로 '실행'이라는 단어가 떠오르도록 미친 듯이 반복 훈련을 거듭했다. 잠재의식의 부정적인 회로를 중간에서 계속하여 차단하고 끊어내는 작업을 반복한 것이다. 그 결과 자연스럽게 '거절=행동'이라는 회로가 만들어졌다.

대부분의 사람들은 긍정보다는 부정적인 회로가 생각 속에 가득하다. 여기에는 환경의 영향도 크게 작용한다. 세일즈를 하면서 고객을 만나기 위해 자가용으로 이동하며 라디오를 듣는 경우가 많았는데 그 과정에서 과거에는 의식하지 못했던 대중매체의 위력을 새삼 느낀 일이 많다. 매스컴과 대중가요, 방송에서 나오는 이야기에 유심히 귀 기울여 보라. 슬픔, 우울, 비참함, 한탄과 같은 단어들이 우리도 느끼지 못하는 사이에 우리를 침식해 오는 것을 알게 될 것이다. 긍정과 희망적인 이야기보다는 부정적이고 슬픈 이야기들이 오늘도 세상에 뿌려지고 있다는 사실을 알게 될 것이다. 사람들은 자신두 모르는 사이에 잠재의식 속에 매일 '부정'과 '슬픔', '나는 안되는 놈이야', '내 주제에…'라는 단어를 주입받고 있는 것이다. 그것이 계속하여 주입되면 자신도 알지 못하는 사이에 그러한 사람이 되게 마련이다.

의식적으로 부정적인 회로를 끊어내는 작업을 하며 노력을 기울인다면 충분히 새로운 회로는 만들어지게 되어 있다. '거절은 실행의 시작'이라는 생각을 끊임없이 주입한 결과 내 인생이 과거와는 극적으로 다르게 변한 것이 사실이다. 일은 더욱 재미있어져 즐기게 되었으며 환경과 만나는 사람마저 다르게 변했다.

두 번째는 '시간 관점'의 변화다. 스탠포드 대학의 심리학 명예교수이며 저명한 심리학자 필립 짐바르도가 이야기하고 있는 시간 관점은 그동안 여러 학자들과 박사들에 의해 연구되어 왔다. 하버드대학의 에드워드 밴필드 박사는 50여 년간의 연구를 토대로 성공한 사람들과 그렇지 못한 사람들의 시간을 바라보는 관점의 차이를 크게 두 가지로 보았다.

그는 이를 '시간 전망*Time Perspective*'이라고 말한다. 시간 전망이란 일이나 어떤 행동을 하는 데 있어 얼마나 먼 미래를 염두에 두고 있는가를 말한다. 시간에 대한 관점과 전망에 따라 그 사람의 인생과 행복, 성공이 급격히 달라진다는 것이다.

1. 한 세대 만에 엄청난 성공을 이룬 사람들은 모두 공통적으로 '장기적으로 시간을 바라보는 관점'을 가졌다.
2. 반면, 실패를 거듭하는 대부분의 사람들은 '단기적으로 시간을 바라보는 관점'으로 인생을 살아가고 있다는 것이다.

'장기적으로 시간을 바라보는 관점'을 가진 사람들, 일명 성공자들은 그들의 향후 5년의 미래를 내다보며 하루하루 구체적인 실행계획을 세우고 있는 반면, '단기적인 시간의 관점'을 가진 대부분의 사람들은 장기적인 경제적 안정이나 성공보다는 단기적인 즐거움과 쾌락을 추구하기에 바빴다. 이러한 관점과 태도가 극적인 결과를 낳는다는 것이다. 단기적인 관점에서 인생을 선택한 사람들은 그 선택들이 결국 인생의 후반부에 장기적이고 치명적인 엄청난 고통으로 이어진다는 이야기이다.

어느 분야를 막론하고 그 분야에서 성공을 이루려면 최소 5년이라는 시간을 공들여야 한다고 말한다. 자신의 모든 것을 걸고 자신의 능력을 충분히 발휘하고 성취를 이루는 시간이 최소 5년에서 10년 이상의 기간이라는 것이다.

세일즈의 세계도 마찬가지다. 자신의 목숨을 걸었느냐 아니냐는 고객의 독한 거절에서 확연히 나타난다. 인격적인 모멸감, 자존감에 손상이 되면 자신감이 떨어지는 것은 당연하다. 바로 이 시점에서 자신에게 진지하게 질문을 던져보자. "나는 이 세계에 목숨을 걸고 뛰고 있는가?" 목숨을 걸었다면 고객의 거절은 오히려 약이 될 것이다. 몸에 좋은 약은 지독하게 쓴 법이니까 말이나. 자신에게 던지는 좋은 질문은 좋은 답을 찾을 수 있도록 도움을 준다. 부정적인 회로를 과감히 끊어 버려야 새로운 회로를 연결할 수 있는 것이다.

'과거는 개선하는 것이 아니라 끊어내고 새롭게 다시 시작하는 것이다'라는 말이 있다. 《위대한 나의 발견 강점 혁명》의 저자 마커스 버킹엄은 자신의 단점을 개선하려 하기보다 자신에게 있는 강점에 더욱 몰입하라고 말한다. 부정의 회로를 개선할 수는 없다. 과감히 끊어내고 긍정의 회로를 연결하라.

'거절=좌절'이 아닌 '거절=실행'으로 연결하라. 거절이야말로 실행의 원천이다.

실행력 앞에선 누구나
공정하다

'노력은 공정에 비례한다'는 말이 있듯 얼마나 먼저 빠르게 실행하고 움직이느냐에 따라서 자신의 운명과 미래가 변할 수 있다. 영업의 세계에서 가장 공정한 방법은 얼마나 일찍 일어나 다양한 고객을 만나느냐에 따라 성과와 실적이 달라지게 마련이다.

하지만 대부분의 영업에서 실패하는 이유는 나태함과 걱정에서 비롯해 결국 움직이지 않은 부족한 실행력 때문이다. 고대 중국의 병법서兵法書로 알려진 ≪손자병법≫에서 또한 '결단을 내리면 즉시 실천하라. 김은 새어나가기 마련이다'라며 실행에 대한 중요성을 강조했다.

실행하는 힘에 있어 나태함이란 귀찮음에 빠져 움직이지 않은 것을 말한다. 하지만 걱정 때문에 실행하지 못하는 사람도 있다. 우리는 살면서 매번 매 순간 걱정을 하며 살고 있고, 바로 지금도 걱정과 고민을 하고 있는 사람도 있을 것이다. 그런데 실제로 일어나지 않은 소위 쓸모없는 고민을 90%나 하고 있으며 실제로 진지한 고민은 3%도 채 되지 않는다는 실험 결과가 있다.

영업의 세계에서도 마찬가지다. 이러한 걱정과 고민은 일과 실행에 방해가 되고 있으며, 더 나아가지 못하게 우리들의 발목을 잡고 있다. 고민은 우리에게 기회를 빼앗아 가고 있으며, 스스로 한계에 가두고 있다. 즉 너무 많은 고민은 발전에 독이 된다는 말이다.

고민에는 두 가지 종류가 있다. 첫 번째는 '가치 있는 고민'이다. 가치 있는 고민이란 진짜 자신에게 일어날 일들에 대해 고민하고 어떻게 헤쳐 나갈지에 대한 방법을 찾거나 모색하는 것이다. 이러한 고민은 우리를 더욱 발전하도록 이끌어 주며, 성공의 원인을 제공할 만큼 큰 영향이 있는 고민이다. 두 번째는 바로 '쓸모없는 고민'이다. 이 쓸모없는 고민은 도움이 되기는커녕 나를 더욱더 움직이지 못하게 하는 요인이 된다. 최악의 경우 그 걱정이 새로운 걱정을 낳아 상황을 더 복잡하게 만들어 버리기도 한다.

예를 들어 A라는 영업직원이 새로운 가망고객을 발굴하기 위해 새로 오픈한 가게를 찾아간다고 가정하자. 이 경우 어떠한 방식으로 접근할지는 가치 있는 고민에 속한다. 보다 더 쉬운 접근 방법을 캐치하여 편하게 다가가 당장 계약을 끌어내는 것이 아닌, 천천히 친구 사이로 발전하여 내 편으로 만든 다음 계약의 성과를 끌어내는 계획을 세우는 것은 가치 있는 고민이다. 하지만 가게에 들어가기 전부터 '만약 들어가서 나보고 나가라고 하면 어떡하지?', '내게 큰소리를 치거나, 쫓아내면 어떡하지?'라는 고민을 하는 순간 그 걱정은 곧 '쓸모없는 고민'이 되어 버리는 것이다. 이 분야의 일이란 무수히 많은 거절 끝에 계약이 이루어지는 것이 당연한 일이며, 한 번에 내게 계약을 해준다는 것이 오히려 이상한 일인 것이다. 만약 모르는 사람이 당신에게 계약을 하자면 할 것인가? 입장을 바꿔 생각해보면 이해가 빠를 것이다.

언짢은 소리를 듣거나 심할 경우 경찰에 신고를 한다고 엄포를 놓거나 하는 것은 내가 민폐를 끼치지 않는 적당한 선에서 영업을 한다고 해도 일어날 수 있는 일들이다. 이 정도의 각오도 없이 섣불리 영업을 시작하려 한다면 애초에 하지 않는 것이 오히려 자신의 인생에 도움이 될 것이다.

고가의 자동차 브랜드인 벤츠의 딜러로 입사하여 자신의 인생을 역전시킨 사람이 있다. 그는 '7년 연속 벤츠 판매 왕'으로 등극되기도 한, 영업인들 사이에서는 살아 있는 판매의 '신'이다. 그는 대학을 졸업한 후 건설회사에 입사하여, 공사현장을 관리하는 일을 했다. 그러나 경제 불황의 여파로 인해 서서히 밀려나는 선배들을 보며 언젠가는 자신에게도 그런 날이 올 거라는 생각에 과감히 일을 그만두고 30대 중반, 벤츠에 입사했다. 그 후 그는 3년간 한 달에 단 하루만 쉬며 죽기 살기로 일에 매진하며 지금의 '벤츠 왕' 신동일로 탄생했다. 그는 그의 저서를 통해 다음과 같은 조언을 남겼다.

"일은 '고민'하는 데 있는 것이다. 고민이 필요 없는 단순한 일은 누구나 할 수 있다. 시간만 채우는 일은 누구나 할 수 있다. 그것은 열심히 일하는 것이 아니다. '어떻게 하면 발전할 수 있을까? 체계와 시스템을 좀 더 발전시킬 수 있는 방법이 없을까?'라는 고민을 끊임없이 하는 일이 곧 열심히 일하는 것이다."

이처럼 그는 끊임없이 가치 있는 고민으로 자기 자신을 발전시켰고 그 결과 부와 명예까지도 자연스럽게 따라오도록 만들었다. 노력과 실행은 비례한다. 노력하는 데 있어 실행이 나오고 실행하는 곳에 노력이 뒷받침하기 때문이다. 쓸모없는 고민 끝에는 별로 반갑지 않은 '한계'라는 손님이 찾아온다. 그런데 이 손님은 잘 나가지도 않을 뿐더러 되레 같이 있으려는 습성이 있다. 그러다 보면 스스로 '나의 능력은 이게 한계인가 봐'라는 비관적인 생각이 들게 되고 더 이상 나가지 않으려 하며, 할 수 있음에도 불구하고 한계를 규정해 버리는 안타까운 일들이 일어난다.

그 예를 가장 잘 보여 주는 곤충 실험이 있다. 벼룩은 최대 2m까지 뛰어다닐 수 있는 곤충이지만 벼룩을 1m 크기의 상자에 가둔 후 꺼내면, 그 벼룩은 자신이 뛸 수 있는 높이가 1m라고 착각해 버리는 탓에 더 높게 뛸 수 없게 되는 것이다. 이처럼 우리들 또한 넘을 수 있는 한계의 선은 더욱 위에 있음에도 불구하고 스스로가 한계를 규정해 버리고 움직이지 않으려 하는 것일 수도 있다.

영업은 어느 직업보다 자신의 움직임에 따라 확실히 성과와 결과를 알 수 있는 공평한 직업이다. 더 나아가 얼마나 더 많이 움직이느냐에 따라 부와 명예를 더 많이 가져다주는 정확한 직업이기도 하다. 성과에 불평하기보다는 먼저 당장 실행해 보아라. 그리고 불평해라. 뒤늦게 불평해도 상관없으니 지금 당장 실행하여 자신의 영업 운명을 개척하라.

실행력 앞에는 누구나 공평하다. 공평하기에 누구나 기회가 있다. 하지만 아무나 기회의 열매를 보는 건 아니다. 실행력을 키워 열매를 보는 사람으로 스스로를 업그레이드하라.

승부를 가르는 한 끗은
실행력 차이일 뿐

사무실 근처에 기사식당 거리가 있다. 7개의 기사식당이 모여 있는 곳으로, 점심시간만 되면 택시, 트럭 들이 북적거린다. 그런데 7개 식당 중 유독 장사가 잘 되는 식당이 있다. 호기심이 생겨 그곳에서 점심을 먹은 적이 있었는데 내가 가보았던 주변 식당과 비교해 반찬의 가짓수나 맛도 별반 다르지 않았고 종업원이 특별히 친절한 것도 아니었다. '왜 이 식당만 손님이 많을까?' 하며 의구심을 품으며 식당을 나섰을 때 비로소 그 이유를 알게 되었다. 바로 주차요원의 특이한 인사법 때문이었다.

기사식당은 점심시간에 많은 차들이 몰려 매우 혼잡하기에 주차요원을 두기 마련인데 그 식당의 주차요원은 손님이 차를 몰고 오면 "충성"을 외치면서 거수경례를 하는 것이었다. 그럴 때면 손님들 또한 그 모습을 보고 답례로 거수경례를 한다. 기사식당의 특성상 남자손님들이 많은데 거수경례를 받을 때마다 군인 시절 선임으로 대접받는 기분이 되는 것이다. 또 한가한 시간에는 손님들의 차 유리를 깨끗이 닦아 준다. 참으로 열정적인 주차요원이었다.

싱글벙글 열정적으로 일하는 주차요원과 이야기를 나눠 보니 식당 주인도, 가족도 아닌 그저 직원일 뿐이었다. 그는 어떻게 하면 즐겁게 일할까 고민하다 거수경례를 생각했고 주유소에 가면 차 유리를 닦아 주는 서비스를 식당으로 옮겨온 것이라고 했다. 인심 좋은 기사님들은 천 원 씩 팁을 주기도 한다고 귀띔해 주었다. 그러고 나서 다른 주차요원들을 보니 뻣뻣하게 굳어 있었다. 성공하는 사람은 '무언가 다르구나'를 느끼는 순간이었다.

인사를 잘하고 조금 특별한 서비스에 손님이 감동한다는 사실은 누구나 알고 있을 것이다. 중요한 건 실행일 뿐이다. 아무리 좋은 아이디어가 있어도 실행하지 않으면 공중으로 날아가 버린다.

우리 주변에는 톡톡 튀는 아이디어를 가진 사람들이 많이 있다. 기발한 생각을 말로 풀어내며 어떻게 저런 생각을 했을까 궁금하기만 하다. 하지만 문제는 그것으로 끝이다. 실행을 하지 않은 아이디어는 아이디어가 아니다. 공허한 생각일 뿐이다. 로또 당첨 같은 대박 인생을 꿈꾼다면 로또부터 사야 하듯 대단하고 기발한 아이디어가 있어도 그것을 실행해야 결과를 알 수 있다.

《독서법도 모르면서 책을 읽는 사람들》, 《성공에 미쳐라》 등의 책들을 펴낸 한국성공인재개발원 진낙식 대표는 고등학교 시절 사고뭉치였다. 그런데 "너는 운동을 잘하니까 공부해서 체육교육학과를 가는 게 어떠니?" 하는 담임선생님의 운동 잘한다는 칭찬 한마디에 공부를 하기 시작했고 체육학과에 입학하게 되었다. 그 후 육아체육 일을 하며 박사과정까지 마치게 되었다. 사고뭉치이던 학생이 박사까지 취득한 것이다.

그는 어느 날 전문서가 아닌 대중적인 책을 쓰고 싶다는 생각이 들었다. 체육과 관련된 책은 많이 썼지만 대중적인 단행본을 써 본 경험은 전무 했다. 단계적으로 하다 보면 책을 낼 수 있다는 생각으로 공저자 과정에서 한 꼭지를 써보게 되는데 비록 한 꼭지지만 실행한다면 된다는 사실을 깨닫고 몇 권의 공저자 과정을 거쳐 개인 저서에 도전하기에 이른 것이다.

그는 육아체육 전문가로 활동하면서 전문 강사로, 한 가족의 가장으로 바쁜 생활을 해야 했지만 잠자는 시간을 쪼개고 쪼개 한 꼭지 한 꼭지를 채워나갔다고 한다. 그렇게 해서 수많은 독서법을 체계적으로 정리한 《독서법도 모르면서 책을 읽는 사람들》을 펴냈다. 지금은 교육회사 대표, 강사, 작가 등 다양한 직함으로 활동 중이고 집필 활동 또한 멈추지 않고 있다.

사실 우리 주변에 책을 펴내고 싶어 하는 사람은 많다. 문제는 실행력의 차이일 뿐이다. 생각에만 머물 것인가. 현실로 옮길 것인가의 차이는 무척 간단하다. 바로 실행력이다. 진낙식 대표는 책을 펴내고 싶은 마음을 실행으로 옮겼을 뿐이고 그렇게 시간을 투자해 책 한 권을 완성해 냈다.

한 여성고객과 미팅 중 이런저런 이야기를 나누다가 그녀가 야간 대학 2년제 사회복지학과에 입학하고 싶어 한다는 것을 알게 되었다. 그녀의 나이는 56세로, 자녀들은 이미 다 성장을 한 터였다. 하지만 야간대학에 입학하는 데에는 걸림돌이 있었다. 바로 남편 때문이었다. 아니, 정확히 말하자면 남편의 저녁식사 때문이었다. 그녀가 학교에 다니게 된다면 남편의 저녁을 챙겨줄 사람이 없다는 것이다. 그녀는 꽤나 논리적으로 걱정을 했다. 만약 자신이 남편의 저녁을 챙겨주지 않아 매일같이 밖으로 돌면서 술을 먹고 무슨 사고라도 날까봐 걱정이 된다는 것이었다. 무슨 말을 해 주어야 할지 고민이 되었다. 결정은 그녀의 몫이니 나는 내 생각을 이야기해 주었다.

"어차피 같은 세월입니다. 2년은 지나갑니다. 만약 실행을 하지 않으면 2년 후에도 똑같은 고민을 할 것입니다. 그때도 남편의 저녁 걱정을 하고 계실 겁니다."

얼마 후 그녀에게서 연락이 왔다. 반찬통을 다량으로 구입한 후 대학입학원서를 접수했다는 것이다.

많은 사람들이 이와 같은 고민을 한다. '이것을 할까, 말까' 어떤 선택을 하느냐에 따라 삶에 많은 부분이 달라진다. 특히 공부, 운동, 독서, 진학 등의 선택은 우리를 발전시키는 일이다. 우리가 알고 있는 성공자들은 발전시키는 도전에는 과감히 행동으로 옮겼다. 성공, 실패를 가르는 한 끗은 긍정적인 행동을 하느냐 하지 않느냐의 차이일 뿐이다.

긍정적인 키워드에 과감히 도전하는 사람에게는 특징이 있다. 분명 나를 발전시키는 키워드임에도 실행에 있어 주춤한다면 다음과 같은 방법을 사용해보자.

【반드시 돌아온다고 생각한다】

'모든 경험은 선善이다'라는 말이 있다. 더욱이 나를 발전시키는 키워드를 실행하는 건 내게 큰 도움이 된다. 하지만 시간과 비용, 감정, 대인관계의 손해가 일어나기도 할 것이다. 많은 사람이 이런 손해를 걱정하기 때문에 실행을 두려워한다. 실행을 한다면 반드시 돌아온다. 때에 따라 당장 올 수도 있고 나중에 올 수도 있다. 하지만 반드시 돌아온다는 생각을 하면 실행이 가능하다.

【실행 자체에 의미를 부여한다】

실행하는 것 자체는 가치 있고 의미 있는 행동이다. 남들이 조롱을 하고 반대해도 실행하는 것 자체에 의미를 부여한다면 실행력은 강해진다. 남들의 눈치를 본다고 해서 이루어지는 것은 없다. 실행 자체에 의미를 부여하고 의미부여에만 집중한다.

【사람을 가려서 선포한다】

주변 사람에게 내가 실행하려는 내용을 선포하는 것이 도움은 된다. 하지만 그럴 때도 사람을 가려서 해야 한다. 나의 꿈이나 비전을 전혀 모르는 사람에게 이야기한다는 것은 의미도 없을 뿐더러 그 사람이 명목상 해 주는 조언이 내게 상처가 될 수 있기 때문이다.

승부를 가르는 한 끗 차이는 실행력이다. 실행력 중에서도 긍정적인 실행력을 실천해야 한다. 실천하느냐 하지 않느냐의 차이는 단순할지 몰라도 결과는 천지차이다. 지금 긍정적인 발전을 위한 일에 고민하고 있다면 실행을 하라. 이 한 끗에 상상도 못할 발전이 있을 수 있다.

실행은 인생에 대한
예의

"재명 씨. 술을 원래 못 드세요?"

저녁식사 미팅이 있을 때 고객이 술을 권하면 나는 단호하게 거절한다. 그럼 고객은 술이 몸에 안 받는지, 원래 못 마시는 것인지 등의 질문을 쏟아내는데, 이럴 때면 고객과 업무적인 이야기 외에 술을 비롯하여 다른 이야기를 나눌 수 있어 즐겁다.

사실 한때는 말술이었다. 워낙 무엇에 지기 싫어하는 성격이라 그런지 술에도 지기 싫어 젊은 혈기에 망가지듯 술을 마셨다. 지금 생각하면 그렇게나 마시고 사고가 나지 않은 게 다행이다. 그런데 의경을 전역하고 사회생활을 하며 술을 끊어버렸다. 가장 큰 이유는 종교적인 이유겠지만 나에 대한 예의를 갖추자는 생각에서 비롯된 결심이었다.

평범한 가정에서 자란 터라 다양한 경험을 하고 싶어 대학보다 사회 일을 택했다. 그렇게 이것저것 일을 하며 영업이 내게 가장 맞는 직업이라는 것을 깨달았다. 영업직의 장점은 학력에 관심이 없다는 것이다. 영업직은 오직 현재의 실적만 평가한다.

현재 실적만 평가한다지만 다양한 고객을 상대하기 위해 다양한 지식이 있어야 했다. 밤낮없이 뛰어다녔기에 지식을 보충하는 시간이 필요했다. 지식을 보충하는 건 내 삶에 예의라 생각했다. 그리고 내 자신이 지식을 갖추어야 고객들에게 제대로 된 서비스를 해줄 거라 생각했다. 그래서 그 지식을 보충할 시간을 만들기 위해 술을 끊었다. 그 시간에 책과 다양한 교육과정과 조우했다.

주변에 영업을 하는 사람들이 묻는다. 술을 안 먹고 어떻게 영업을 잘할 수 있는지 말이다. 그럼《태백산맥》을 쓴 소설가 조정래 작가의 말처럼 '글을 쓰는 사람이 고뇌를 풀기 위해 과음을 고유 권한처럼 생각한다. 술을 먹고 해결될 문제면 술을 마시지 않고도 해결할 수 있다'는 말을 차용해 답한다.

"영업이 안 되는 사람이 술을 마시고 영업이 잘 된다면 술을 마시지 않고 더 잘할 수 있다."

술을 마시는 게 나쁘다는 말이 아니다. 한때 말술이었기에 술이 주는 장점 또한 무척이나 잘 알고 있다. 지식을 쌓고 그것을 고객들에게 알려주는 게 내 삶에 예의라 생각했고 시간을 확보하기 위해 술을 끊은 것이다.

종종 세상을 놀라게 하는 범죄를 저지르는 사람을 보면 자신을 철저히 저주한다. 자신을 저주하다 '너 죽고 나 죽자' 식의 범죄로 이어지게 되는 것이다.

2007년 미국 버지니아 공대에 총성이 울린다. 총성은 곧 난사가 되어 32명이 죽고, 29명이 부상을 입는다. 범인은 한인 2세 조승희였다. 그는 '나는 태어나지 말아야 할 사람이다'와 같은 메모를 남기며 자신을 저주했다. 저주가 깊어지자 자신의 원한과 상관없는 사람을 무차별로 죽이고 말았다. 자신에 대한 예의가 있었다면 절대로 하지 못했을 행동이다.

우리 모두는 참으로 소중한 존재다. 유전적으로도 이 지구상에 전무후무한 존재이며 삶을 살아가는 방식도 전무후무한 존재다. 이렇게 소중한 존재이기에 자신에 대한 예의가 있어야 한다. 자신에 대한 예의 중 가장 높은 가치 있는 예의는 하고 싶은 일을 실행하는 것이다. 긍정적인 일을 실행한다는 건 자신의 인생에 대한 예의이며 자신을 사랑한다는 근거인 셈이다. 자신을 사랑하지 않으면 실행이라는 예의는 발휘하지 않는다.

《나는 회사에 미친놈》, 《미치게 살아라》와 같은 다소 도발적인 제목의 책을 펴낸 선진 D&C 윤생진 대표. 군대를 전역하고 흑산도에서 통통배를 타고 광주로 이사한 후, 금호타이어 고졸 생산직에 지원하게 된다. 면접에서 면접관이 묻는다.

"윤생진씨. 당신의 꿈은 무엇입니까?"

"저는 이 회사에 부장이 되는 게 꿈입니다."

"혹시 부장이 아니고 반장 아닙니까?"

"아닙니다. 부장입니다."

면접관들은 부장이라는 말에 놀란다. 놀라움도 잠시 세상물정 모르는 이 청년에게 면접관들은 대학교 졸업자도, 관리직도 되기 힘든 게 부장이라 이야기해 준다. 우여곡절 끝에 생산직에 취업한 그는 마음속에 부장의 꿈을 품고 일한다. 그가 부장의 꿈을 품은 건 회사는 과거의 자신이 아닌 오직 현재의 자신을 평가하는 곳이라는 생각이 강했기 때문이다. 하지만 부장이 되기 위한 방법은 알지 못했다.

그렇게 1년 동안 꿈을 품고 일하던 어느 날 회사에 개선할 부분을 제안하는 '개선제안제도'가 실시되었다. 우승하면 상금도 주고, 교육도 시켜주며 진급에 도움을 준다는 말을 듣고 개선제안제도에 미쳐보기로 다짐하게 된다. 하지만 문제가 있었다. 바로 방법을 모른다는 것이었다. 그는 우선 중고서점으로 뛰어가 타이어 기계에 관한 책을 읽기 시작했다. 책과 담을 쌓은 그이기에 주변 사람들은 '얼마나 가나 두고 보자' 하며 조소를 보냈지만 끈기를 가지고 공부하는 그를 인정하기 시작했다. 그렇게 독서를 통해 쌓은 지식으로 회사에 개선할 부분을 끊임없이 찾아내기 시작했다. 선배의 도움도 받고, 망신도 당하면서 개선제안을 한 끝에 대통령상, 장관상 등 많은 상을 휩쓸게 되었다.

개선제안을 하며 힘들 때마다 자신만 볼 수 있는 책상 달력에 작은 글씨로 '부장 윤생진'을 써놓고 힘을 얻었다. 그렇게 시간이 흘러 하루 7건 제안을 올리며 '제안왕'으로 임원들 눈에 띄기 시작했다. 그리고 새천년의 시작인 2000년 1월, 금호그룹의 핵심 부서인 전략기획실 부장을 넘어 상무로 진급했다.

상무가 되어도 정열적으로 일하고 정년퇴직 후 자신의 성공스토리를 바탕으로 컨설팅회사 대표로 활동하고 있다. 주변 사람들에게 어용 직원이라 몰려 퇴직할까도 고민했지만 꿈이 있고 누구도 아닌 자신의 꿈을 위해 제안제도를 활용했고 그것이 회사에게도 좋은 일이라 생각하며 실행을 해나갔던 것이다.

부장의 꿈을 자신의 인생에 대한 예의로 생각했던 윤생진 대표는 결국 부장의 꿈을 이루고 상무가 되었다. 이렇게 자신에 대한 예의가 있는 사람은 실행을 한다.

우리 모두는 좋든 싫든 자신의 삶을 살아간다. 태어나면서 주어진 운명이다. 운명을 받아들이고 적극적으로 개선하는 사람이 있는가 반면 운명을 저주하며 남들에게 피해를 주는 사람이 있다. 자신의 삶에 대한 예의가 있다면 실행력을 키워 적극적으로 개선해가야 한다.

인터넷 뉴스에서 애플 창업주인 스티브 잡스, 페이스북 창업주인 마크 주커버그의 성공스토리를 본 적이 있다. 댓글에는 스티브 잡스, 마크 주커버그가 우리나라에서 태어났다면 과연 성공할 수 있었을까 하는 의문이 많이 제기되고 있었다. 확실한 건 '창의력'이란 키워드만 놓고 본다면 우리나라보다 미국의 교육시스템이 유리하다. 우리나라에 태어났다면 스티브 잡스, 마크 주커버그는 불리한 여건이 주어졌을지 모른다. 하지만 비슷한 시기에 우리나라에도 네이버를 필두로 한 주식회사 NHN, 주식회사 카카오가 탄생해 성공하기도 했다.

부정한다면 끝도 없이 부정할 수 있다. 하지만 부정만 한다면 발전은 고사하고 퇴보하고 만다. 우리나라가 미국보다 창의력에 대한 교육이 부족하다지만 누구는 네이버를 세우고 누구는 카카오를 설립해 성공했다. 좋은 아이디어를 실행했기에 가능했던 것이다.

사람은 자신의 인생에 예의를 가져야 한다. 자신을 소중히 여기고 사랑한다면 스스로에게 예의를 지켜라. 예의를 지키는 것의 시작은 실행이라는 점을 명심하자. 할 수 있고, 해야 하는 이유부터 찾아보자.

실행이 없다면 계획은 공허하다

어느 겨울. 여대생 4명이 작은 호프집에서 술을 마시고 있었다. 4명은 같은 대학 같은 학과 동기들이었다. 취기가 어느 정도 오르자 미래에 대한 고민을 털어놓기 시작했다. 모두 평범한 집안에서 자란 평범한 여대생일 뿐이었다.

"돈 많고 잘난 남자가 우리를 만나 줄 일은 없겠지? 어떻게 이 세상을 살아가야 하나?"

"그러게 말이야. 우리가 취업할 때는 지금보다 더 힘들 거야. 경쟁도 심하고."

"우리도 사업을 해볼까? 돈 버는 데 사업 만한 게 없잖아. 지금 겨울방학이니 과외 같은 것은 어때?"

"그래. 등록금도 벌고 과외를 해보자."

4명은 과외를 하기로 의기투합했다. 그렇게 헤어진 다음날 4명의 친구 중 딱 한 친구만 과외를 하는 데 필요한 일을 하기 시작했다. 과외 홍보지를 만들고 프린트해서 전화번호를 쉽게 떼어갈 수 있도록 오징어다리 모양으로 잘랐다. 겨울이라 날씨가 추웠다. 테이프를 들고 전봇대에 홍보지를 붙인 후 친구들에게 전화를 했다. 어제 약속했던 일을 하고 있는지 궁금했다.

"날씨가 이렇게 추운데 감기 걸려."

"어제 맥주 먹은 게 문제가 있나봐. 배가 아파서 못했어. 내일 해야지."

4명의 친구들 중 한 명만 호프집에서 의기투합했던 내용을 실행에 옮긴 것이다. 잠시 후 전화벨이 울리고 한 학부형이 아들의 성적 문제로 상담을 해왔다. 그렇게 첫 과외가 시작되었다. 그녀 특유의 친절함과 진실성으로 과외 사업은 번창했다. 그렇게 과외를 시작해 공부방, 입시학원까지 영역을 넓혀갔다. 그러자 젊은 사람이 열심히 산다며 부동산에 경험 많은 어른들이 나서 주었고 그분들의 도움을 받아 다양한 곳에 투자하기에 이르렀고 과외, 공부방, 입시학원을 성공시킨 경험을 살려 같은 사업을 하고 싶은 사람들을 위해 교육과정을 열게 되었다.

시간이 갈수록 좋은 사람들이 그녀를 도와줬고 그녀 역시 자신의 경험을 나눠주면서 사업은 승승장구했다. 30대 중반도 안 된 나이에 자수성가로 부를 이룬 비법을 듣고 싶어 사람들이 주변에 모여들었고, 그녀를 '리치멘토' 삼아 배우려 했다. 그녀는 젊은 사람들에게 강한 메시지를 주기 위해 '10년 후 동창회에 벤츠를 끌고 갈 것인가, 지하철을 타고 갈 것인가'라며 실행의 중요성을 이야기하고, 젊은 부자를 꿈꾸는 사람들을 위해 온라인 카페를 만들어 정보를 나누고 있다.

그녀는 마치 나비효과처럼 한 번의 실행과 꾸준함, 그리고 시간을 무기 삼아 승승장구 중이다. 지금은 지역에서 꽤나 큰 입시학원을 운영 중인 H 원장의 이야기다.

H 원장은 자수성가 강의를 통해, 하기 싫은 일이 있을 때나 문밖을 나가기 싫은데 나가야 할 때 자신만의 특이한 방법을 통해 실행력을 높일 수 있다고 말한다. 그것은 바로 자기 다리를 손으로 끌고 가는 것이라고 하는데, 양손으로 한쪽 다리를 잡고 문까지 끌고 가서 문고리를 돌리면 어쩔 수 나가니 싫은 일을 자동으로 하게 된다는 것이다. 재미있으면서도 실행의 중요성을 아는 사람의 아이디어라 생각된다.

우리는 완벽한 계획을 세우고 그 계획을 날성했을 때 오는 즐거움을 상상한다. 계획과 상상은 일을 달성하는 데 막강한 영향력을 끼치지만 실행력이 없다면 그것은 그저 계획으로 끝나버린 공허한 일에 지나지 않는다. H 원장의 이야기에서 보듯 실행력은 공허한 존재들을 현실로 이루는 데 결정적인 역할을 한다. 실행이 중요한 건 누구나 다 알고 있다. 문제는 그것을 실천하는 것이다. 이 문제를 해결하는 방법을 아는 사람은 자기 삶을 주도적으로 끌고 갈 수 있다. 그리고 주어진 환경을 보란 듯 극복한다.

나는 영업맨이다. 영업의 종류에는 수천 가지가 있지만 그중에서도 진입 장벽이 가장 낮고 이직률이 높은 보험영업 일을 하고 있다. 지금은 종합보험컨설팅 업체 대표로, 때에 따라 또래 직장인 연봉을 한 달에 받을 수도 있지만 대표라는 직함이 무색할 정도로 적은 금액을 손에 쥘 때도 있다.

수천 가지 영업 중 불안한 보험영업을 일찍 시작한 내가 고마울 때가 있다. 바로 다양한 사람들을 만날 수 있다는 점이다. 바로 사람 구경하는 재미가 있는 직업이다. 장삼이사 같은 평범한 우리네 이웃부터 태어날 때부터 부자인 사람, 자수성가한 부자들, 합법과 편법 사이를 오가며 돈을 버는 사람들 등 일반인들은 만나기 힘든 사람들을 만나 다양한 이야기를 들을 수 있다.

수많은 사람을 만나는 일이 힘든 건 사실이다. 하지만 우리 주변에 주어진 환경을 뛰어넘은 사람이 알게 모르게 많다는 것을 깨달을 때 많은 생각을 하게 된다. 그들은 완벽한 계획을 세우고 완벽한 상상력으로 무장한 사람이 아니다. 이들은 우선 실행하고 보는 사람들이다. 어떻게 보면 무모하다 싶을 정도로 실행에 집중한다. 실행에 집중하니 실행 안 될 일에 신경 쓸 엄두를 못 낸다.

영업 또한 실행이 절대적이다. 소위 말해서 계약이 성사되는 상상을 한다고 해서 고객이 알아서 보험에 가입하는 것은 아니다. 나 역시 누구보다 실행력이 강하다고 생각하지만 나보다 실행력이 강한 사람이 넘친다는 걸 알게 되었다. 그들의 공통점을 연구해 보면 자수성가 부자, 자기 분야의 거장, 주어진 환경을 뛰어넘은 사람들 모두 누구보다 탁월한 실행력을 가지고 있었다. 그 실행력은 선천적인 것이 아니라 모두 후천적이라는 것이다. H 원장 역시 평범한 여대생이었고 작은 호프집에서 누구나 꿈꾸던 사업에 대해 이야기했을 뿐이다. 하지만 실행을 했다는 것에 큰 차이가 있다. 실행은 후천적인 존재다.

그렇다면 이런 이야기는 어떨까. 지친 마음을 달래주는 포장마차 안, 가장 값싼 안주를 놓고 남자대학생 두 명이 술잔을 기울이고 있다. 잠시 후 한 학생이 펑펑 울기 시작한다. 포장마차 안의 손님들이 무슨 일인가 흘깃거린다. 울고 있는 대학생은 아버지를 일찍 여의고 힘들게 가정을 꾸려가는 무학인 어머니 밑에서 자란 터라 진학할 때나 공부할 때 모든 걸 혼자 결정해야 했다. 대학도 전액 장학금을 준다는 이름 없는 대학을 다녔다. 장남이라 집안을 일으켜야 한다는 부담과 미래에 대한 불안으로 눈물이 흐른 것이다.

"선배님. 집안도 어렵고 이름 없는 대학출신에, 너무 힘든 것 투성입니다. 당장 졸업 후 무엇을 해야 할지 모르겠습니다."

"영권아. 우리나라가 앞으로 해외로 나가 돈을 벌어야 하니 영어만큼은 잘해야지 않겠냐? 다른 공부는 몰라도 영어만큼은 잘하자."

펑펑 울던 대학생은 선배의 조언을 듣고 생각한 끝에 결심을 했다. 영어에 매달리자는 것이었다. 다음날부터 영어를 반쯤 죽이게 공부했다. 한마디로 아침, 점심, 저녁, 아침, 점심, 저녁 영어만 공부했다. 그렇게 2년간 영어를 공부한 후 무역사업을 시작한 모 대기업에 취업하게 되었다. 취업 후 가난과 설움을 풀 듯 그리고 영어공부를 하듯 회사 일을 했다. 그런 열정과 끈기를 인정받아 그는 회사에서 최연소 임원이 되었고 자신의 성공 경험을 바탕으로 강의를 시작했다. 성공을 꿈꾸는 많은 사람들 가슴 속에 불을 지핀 故 이영권 박사의 이야기다.

옛날이나 지금이나 영어공부를 하겠다고 계획을 세우고 고득점 토익 점수에 프리토킹을 상상하는 사람이 많다. 하지만 실행에는 실패한다. 일의 성공과 실패의 승부처는 실행이라는 것을 알 수 있다. 이영권 박사 역시 실행이 있었기에 성공한 것이다.

실행이 없다면 모든 계획은 공허하다. 그리고 세상 모든 일을 가르는 승부처는 실행이다. 실행을 얼마나 잘하고 있는지 스스로 점검하자.

못하는 이유를 찾는 데
익숙한 우리들

"**한** 대표님. 감사합니다. 정말 감사합니다."

한 고객이 내게 연신 인사를 하며 고마움을 표현했다. 모 마트에서 아르바이트를 할 때 만나 점장까지 오른 오래된 고객이다. 7년간 한결같은 모습에서 나이를 떠나 배울 점이 많은 고객이었다.

그는 최근 자기 사업을 꾸리고 싶어 했다. 자기 사업을 한다고 했을 때 마트 사업이려니 여겼는데 뜻밖에 카페를 운영하고 싶다는 것이다. 바리스타 자격증부터 입지조건, 인테리어 등 철저하게 준비했음을 알 수 있었다. 하지만 문제는 주변의 반대가 심하다는 것이다. 부모님은 물론 친구들까지 반대를 하는 중이었다.

"아직 세상 물정을 모르는구나."

"네 나이에 마트 점장에 그 정도 월급이면 괜찮은 거야. 직장다니며 장가나 가."

반대하는 사람 중 카페 폐업률 통계를 보여 주는 사람도 있었다고 했다. 이렇게 반대가 심해지자 스스로 위축되고 있었던 차에 내게 고민을 털어놓게 된 것이었다.

가만히 이야기를 들어 보니 무언가 문제는 있었다. 주변 사람들 중 카페를 경영해 본 사람은 물론 자영업을 해 본 사람도 아무도 없었던 것이다. 아버지는 평범한 직장인이었고 어머니는 가정주부였다. 여자 친구나 주변 친구들 역시 유통관련 일을 하고 있는 직장인이었다. 내 생각을 묻기에 이렇게 답해 주었다.

"사업을 하기 위해서 조언을 구하고 싶으면 사업을 하는 사람. 특히 카페를 경영하는 사람의 말을 들어야 합니다. 오랫동안 준비했으니 카페 사업을 하는 사람들 이야기를 들었을 겁니다. 사업하는 사장님 모두가 반대한다면 신중히 고려해야 하지만 찬성하는 사람이 있다면 적정선에서 조언을 들으세요."

아직 결혼 전이었고 충분히 재기할 시간이 있다고 판단해 창업을 권유했지만 창업해서 성공하기는 정말 어려운 일이다. 하지만 창업을 찬성한 이유는 그 속에서도 누군가는 돈을 벌고 이름을 알리고 있기 때문이다. 그 주인공이 되기 위해 열심히 사업을 하라고 조언해 주었다. 그는 최근 만나 본 사람 중에 창업에 대해 긍정적으로 이야기해 준 사람으로는 내가 유일하다며 연신 감사의 인사를 전했다.

우리 주변에는 도전을 권하는 메시지가 참으로 많다. 도전해야 성공도 거머쥔다는 사실도 알고 있다. 하지만 친한 지인이 도전하겠다면 신중을 기할 것을 조언하는 경우를 많이 본다. 또한 해야 할 이유보다 하지 말아야 할 이유를 더 잘 찾는다.

자신의 성공 스토리를 책으로 펴낸 저자가 있다. 그 책을 읽고 감동해 그의 강의를 들었다. 진정성이 가득했던 강의였던데다 점심식사를 함께하는 영광도 누렸다. 식사를 하는 도중 그가 강의에서 말하기 어려웠던 개인적인 고통들을 이야기해 주었다. 모두가 어렵다고 반대한 분야에 뛰어들어 매일 이불 속에서 울 정도로 힘들게 일하며 사업을 성공시켰다는 것이다. 내가 겪고 있는 어려움은 아무것도 아님을 느꼈다.

어느 날 모 포털 사이트 메인페이지에 저자의 스토리가 동영상으로 공개되었다. 식사를 하면서 들었던 이야기와 강의 내용의 감동이 그대로 밀려왔다. 하지만 응원의 댓글을 남기고 싶어 댓글 게시판에 들어갔다가 가슴 아픈 댓글들을 보게 되었다.

'저것 진짜일까? 혹시 금수저 아니야?'

'요즘처럼 어려울 때 창업을 유도하네. 망하면 책임질 거냐?'

자신의 성공 스토리를 공유해 많은 사람에게 용기를 주고 싶었을 텐데 냉대와 의심 섞인 글을 보니 가슴이 아팠다. 타인의 성공 스토리를 듣고 취할 건 취하면 될 뿐인데 말이다. 지인은 이런 현상에 대해 '사람은 원래 못하는 이유를 찾는 데 익숙하고 의심하며 자란다'고 했다. 아무리 표현의 자유가 있다지만 씁쓸한 생각이 드는 건 어쩔 수 없었다.

영업을 할 때도 안면도 없고 연고도 없는 곳에 문을 열고 들어가야 한다. 문고리를 잡을 때마다 많은 고민이 오간다. 여기서 생각을 해보자. 문을 열고 들어가지 말아야 할 이유를 찾으라면 수천 개도 찾을 수 있다.

'망신을 당한다, 힘이 빠진다, 고객이 거절을 할 것이다, 여기 아니어도 다른 고객은 많다, 다음에 올까, 지난번처럼 냉대 받을 것이다….'

문을 열고 들어가는 사람은 수천 개의 이유를 무시하고 실천하는 사람이다. 그런 용기에 박수를 보내야 하지만 사실 그들이 보내는 것은 조롱과 의심이다. 이건 사람의 본능이기도 할 것이다.

과거 인류가 진화하는 과정에서도 의심은 늘 있어 왔다. 하지만 의심 없이 무작정 덤볐다면 선조 인류는 존재할 수 없었을 것이다. 철저히 의심했기에 존재할 수 있었던 것이다. 진화를 거듭하며 여기까지 왔지만 무언가 실천하는 데 의심을 한다. 의심은 꼬리에 꼬리를 물고 나와 실천하는 데 앞서 방해기 된다. 그리고 못하는 이유 또한 잘 찾는다. 하지만 이것을 깨지 않으면 실천하는 데 걸림돌이 많다.

분명 실천력을 발휘하는 데 신중할 필요가 있다. 우리가 필요한 건 신중함이지 지나친 의심이 아니다. 의심이 깊으면 못하는 이유만 능숙하게 찾는다. 못하는 이유를 능숙하게 찾는 사람에게 조언을 구하면 역시나 못하는 이유를 능숙하게 찾아내 조언해 준다. 이 역시 가슴에 담아두기 보다 취할 건 취하고 버릴 건 버리면 될 뿐이다.

어디나 마찬가지지만 영업을 하다 보면 고객 유형별로 대응하는 방법이 달라지게 된다. 어느 고객은 단박에 승부를 봐야 하고, 어느 고객은 천천히 물감 번지듯 접근해야 한다. 분명한 건 '반드시 계약하고 만다'는 마음이다. 방법이 다를 뿐 목적은 똑같다. 목적이 하나이기 때문에 어떻게든 될 방법을 궁리한다.

'되든 안 되든 한번 해보자' 같은 마음과 '반드시 하겠다'는 마음으로 일을 하는 건 천지차이다. 하물며 못하는 이유를 찾아 놓고 시도를 한다면 여지없이 못한다. 이건 당연한 이치다.

우리는 못하는 이유를 찾는 데 능숙하게 태어났다. 이것은 유전적 요인도 사회적 요인도 모두 작용한다. 우리 주변에 목표를 잘 달성하는 사람들은 못하는 이유를 찾지 않는다. 달성할 수 있는 방법을 찾는 것이다.

실천을 해 본 사람은 알 것이다. 처음에는 작은 실천을 하지만 차츰 더 큰 실천을 할 수 있음을 말이다. 해야 할 이유를 찾는다면 다음에 더 큰 실천을 할 수 있다. 실천이 모이면 평범한 사람이 상상도 못할 실천을 할 수 있다.

사람들은 못하는 이유를 먼저 찾는 데 익숙해져 있다. 해야 할 이유, 성공시킬 이유를 먼저 찾아보자. 작은 실천이 큰 변화를

만들어내듯 시작은 미비하지만 나중에는 큰 실천, 큰 모습으로
돌아올 것이다.

2

거절에 무뎌지지 않는
절대 실행력 7가지 법칙

하나.

진 불 구 명

進 不 求 名

실행의 근성은
생계와 욕망을 먹고 자란다

생계 고민은
실행의 뿌리다

20대 여자 고객들에게서 여행 작가가 되고 싶다는 이야기를 종종 듣게 된다. 그리고 대부분 바람의 딸 한비야씨, 아나운서 출신 손미나씨, 평범한 회사원에서 여행 작가가 된 이지상씨 등의 이름들을 거론하기도 한다.

상상을 해보면, 여행 작가란 참으로 멋진 직업임에 틀림없다. 그들은 출판사나 잡지사의 후원을 통해 여행을 다니기도 하는데, 자유롭게 일정을 짜고, 큰 카메라를 들고 다니며 오지 탐방도 하고 멋진 자연을 사진에 담는다. 말은 안 통하지만 외국 친구도 사귀고 이색적인 음식도 맛본다. 그렇게 몇 개월 동안 여행을 마치고 한국으로 돌아와 조용한 카페에서 추억을 담은 사진을 정리하고 원고를 쓴다. 원고가 완성되면 출판사나 잡지사는 원고료를 지급한다. 그리고 여행서가 출간되면 여행 관련 모임의 초청을 받아 강의를 나가기도 한다. 1년 중 6개월은 해외로 나가고 6개월은 글을 쓰고 강의를 다니며 자유로운 삶을 살아가는 것이다.

얼마나 행복한 삶일까. 남들은 기껏 해야 휴가철, 그것도 잘해야 일 년에 한 번 해외여행을 갈까 말까 하고 그것도 여행사가 짜둔 스케줄대로 움직이게 마련인데 여행 작가는 자유롭게 여행을 다니니 말이다. 20대 고객들이 왜 여행 작가를 꿈꾸는지 이해가 가기도 한다.

과거 상인들의 비단길을 직접 여행하며 쓴 《걷는 자의 꿈, 실크로드》의 문윤정 작가는 1인 지식기업가들을 소개한 책에서 여행 작가를 깔끔하게 한마디로 정리한다.

"수필가도 이슬만 먹고 살진 않아."

여행 작가도 사람인데 낭만 이전에 생계 문제를 해결해야 한다는 말이다. 그녀 역시 여행을 다니며 작가로 활동하고 있지만 여행 서적을 쓰고 싶은 사람을 위해 여행 작가 코치로도 활동 중이다. 생계를 위한 그녀의 노력 중 하나다. 생계를 해결하지 않으면 여행 작가로 활동할 수 없고, 돈을 벌어야 여행 작가도 할 수 있는 것이다. 문윤정 작가뿐만 아니라 수많은 여행 작가들 역시 생계를 해결하기 위해 다양한 활동을 하고 있다. 생계에 대한 고민으로 코치를 비롯해 강연가로 활동하며 실행력을 얻어가는 것이다.

실행력을 얻는 데 생계만큼 강한 원동력이 또 있을까? 우리 주변을 살펴보면 가족의 생계를 위해, 자신의 미래와 생계를 위해 모두가 열심히 살고 있다. 누구인들 놀고 싶지 않고, 쉬고 싶지 않을까. 또한 해외도 편안하게 여행하고 싶지 않을까. 하지만 생계란 이름으로 살아가고 있는 것이다.

고객에게 끊임없이 거절당하고 무시당해도 계약을 위해 계속 실행하는 건 생계 때문이다. 생계만큼 실행을 강하게 하는 건 없다. 그래서 누군가는 생계 앞에 모두가 숭고하다고 말 할 정도다.

우리 주변에 고귀한 목적이나 대의적인 꿈을 가지고 활동하는 사람들의 이야기도 재미있지만 TV에서 생계를 위해 하루하루 열심히 사는 사람들의 이야기를 보면 감동이 몰려온다. 대부분은 가족을 위해 긴 시간을 견뎌 온 우리네 이야기다. 추워도, 더워도, 새벽에도, 늦은 밤에도 일을 한다. 생계를 위해서 말이다.

꿈과 생계 사이에서 고민을 하는 사람이 많다. 긴말 없이 생계부터 해결하고 꿈을 찾으라고 하고 싶다. 생계를 해결하지 않고 꿈만 따라가는 사람은 쉽게 지친다. 즉 장거리가 어렵다는 것이다. 절박감 때문에 더 열심히 할 것 같지만 오히려 마음만 급해질 뿐이다.

생계가 실행의 뿌리인 이유는 두 가지다.

첫째, 생계는 원초적인 문제이다. 먹고살기 위해 실행을 해야 한다. 실행하지 않고 있다면 먹고살기는 애초에 불가능하다.

둘째, 생계가 해결된다면 다른 실행에 필요한 비용을 얻을 수 있다. 이슬만 먹고 꿈을 이룰 수는 없다. 꿈을 이루고 싶다면 실행해야 한다. 생계를 해결한다면 실행하는 데 필요한 것들을 얻을 수 있다. 생계야말로 다른 실행력의 원천인 셈이다. 생계를 위해 실행을 해야 한다. 그래야 활동의 원천을 얻을 수 있다.

실행력이 부족한 사람이 가장 먼저 고민해야 할 건 생계 문제다. 생계 문제를 진지하게 고민한다면 자동으로 실행할 수 있다. 또한 확고하게 이루고 싶은 꿈이 있다면 생계 문제를 해결하고 남은 시간에 실행을 하면 된다.

생계는 실행의 원천임을 잊지 말자. 지금 실행력이 떨어져 어렵다면 다시 한 번 생계를 생각하자. 그리고 꿈이 있다면 생계를 먼저 정비하고 꿈을 향해 달려가라.

정량적 목표로
실행에 동력을 구한다

원자력기술로 유명한 모 대학에서 박사과정을 공부하고 있는 L씨의 이야기를 들어보자. 학창시절 그의 아버지는 보일러와 배관을 설치하는 설비 업체를 운영하다 IMF를 맞아 사업을 접게 되었다. 공업고등학교로 진학한 그의 삶에 보이는 건 기계를 만지고 설치하는 사람들뿐이었다. 그의 꿈 역시 잘하면 설비 업체 대표, 보통이면 보일러 수리공이었다.

고등학교 졸업 후 사회생활을 잠깐 경험하고 육군에 입대해 운전병으로 복무하게 되었는데 인원이 부족해 고위 장교만 태우는 운전병으로 차출되었다. 군대를 갔다 온 사람은 알 것이다. 고위 장교를 모시는 차를 운전하기 위해서는 학력을 포함해 까다로운 조건에 부합되어야 하지만 L씨는 정말 어쩌다 차출된 경우였다. 같은 운전병이지만 나름 명문대학교를 다니는 엘리트들과 생활

했고 그가 모시고 다닌 장교들 또한 엘리트들이었다.

L씨는 충격이 컸다. 같은 나이인데 누구는 해외에서의 사업 계획을 세우고, 누구는 자신이 가보지도 못한 나라의 유명대학에 편입할 것이라는 목표를 정하고 공부하고 있었던 것이다. L씨는 어떻게 같은 하늘 아래 살면서 이렇게 다른 삶을 살까 하는 충격을 받았다.

그는 결심했다. 지나온 20여 년은 바꿀 수 없는 시간이니 지금이라도 삶을 바꾸기로 마음먹은 것이다. 삶을 바꾸기 위해 가장 필요한 건 지식이라 여기고 운전 중 대기시간이면 독서를 하기 시작해 일주일에 두 권씩 꼬박꼬박 책을 읽어나갔다.

평소 책을 멀리한 터라 힘들었지만 차츰 익숙해졌다. 그리고 고위 장교나 유명대학을 다니는 친구들을 관찰하기 시작했다. 그들의 이야기를 통해 그들이 목표 지향적 사고를 가지고 있다는 것을 깨닫고 그 또한 목표를 설정하기 시작했다. 그리고 연료가 다를 뿐 큰 보일러가 바로 원자력발전소라는 생각에 35세 이전에 원자력에너지 연구원이 되기로 마음먹었다.

하지만 전역 후 돈이 그의 삶을 죄여왔다. 우선 기능인을 양성하고 등록금이 저렴하다는 한국폴리텍대학에 문을 두드리고 열심히 공부했다. 학교 측도, 부모님도 그가 취업하기를 기대했지만 그는 자신의 꿈대로 4년제 대학에 편입했다. 그리고 4년제 대학 졸업 후 석사를 거쳐 박사로 진학했다. 생활비는 학교에서 할 수 있는 아르바이트를 하며 충당했고 부족할 때는 새벽인력시장에 나가 일을 하기도 했다. 석사로 진학하고 난 후에는 대기업에서 수행하는 프로젝트에 참여하면서 생활비를 벌었는데 박사과정에 들어가면서 수당이 높아진 덕에 돈 때문에 공부에 방해를 받는 일은 줄어들었다. 그는 박사과정 수료 후 군대시절에 세운 꿈인 연구원으로 취업할 예정이다.

L씨는 자신의 시야가 좁을 수밖에 없었던 여건에 놓여 있었지만 넓게 본 순간 자각自覺했던 것이다. 그리고 자각을 자각으로 끝낸 것이 아니라 목표를 설정했고, 그 순간 그의 삶도 바뀌어 갔던 것이다. 우리 주변에는 자각을 주는 것들이 정말 많다. 만나는 사람, 책, TV, 신문기사 등 말이다. 자각이 왔을 때 그것을 목표로 삼는 것이 삶에 큰 영향을 준다는 사실을 알 수 있다.

'명품인생의 길은 책 읽기와 그것의 활용에 달려 있다'고 한 공병호 박사의 《핵심만 골라 읽는 실용독서의 기술》에는 지식근로자의 7가지 조건이 나온다.

1. 스스로 무엇을 해야 할지를 결정하는 '목표 설정 능력'
2. 처리해야 할 다양한 일들에 우선순위를 부여한 다음 추진하는 '우선순위 결정 능력'
3. 트렌드를 읽고 기회를 찾아낼 수 있는 '기회 포착 능력'
4. 다른 조직이나 타인들의 장점을 자신의 것으로 만들어낼

수 있는 '창조적 표절 능력'

5. 다양하고 복잡한 사실들을 꿰뚫을 수 있는 '정리하는 능력'

6. 사실이나 상황을 충분히 이해한 다음에 논평할 수 있는 '코 멘트하는 능력'

7. 타인의 입장을 이해하고 배려할 수 있는 '공감하는 능력'

그는 이 중에서 목표 설정 능력을 1순위로 두었다. 지식근로자에게 목표 설정 능력이야말로 첫 번째로 갖춰야 할 조건이다. L씨 역시 35세에 박사과정을 끝낸다는 목표가 있기에 유혹이 와도 극복할 수 있었다. 삶에 목표를 설정하지 않으면 나머지 조건 역시 따라올 수 없다. 목표를 잡는 사람만이 실행력이 나오는 법이다. 목표를 설정하는 능력을 배양해보자.

목표를 만드는 방법에는 크게 두 가지가 있다. 하나는 정성적 목표이고, 또 하나는 정량적 목표다.

정성적 목표는 주관적인 목표이기 때문에 명확하지 않은 표현들이 많다. 이는 숫자로 이룰 수 없는 '행복감' 등을 목표로 설정할 때 사용한다. 반대로 정량적 목표는 숫자로 말하는 목표다. 예를 들어 '몇 개의 자격증을 취득하겠다'와 같은 정확한 숫자로 표현하는 목표를 말한다. 실천력을 키우는 데 정량적으로 목표를 설정하는 것만큼 강한 동기부여를 주는 건 없다. 간단한 예를 들어보자.

- 언젠가는 멋진 아파트를 마련한다.
- 2018년 6월까지 인천에 있는 102㎡의 아파트를 구매한다.

　이렇게 정확한 숫자로 표현하면 단번에 알아 볼 수 있다. 그리고 거기에 맞는 구체적인 계획을 짤 수 있는 것이다. 현재 수입을 생각하고, 얼마를 저축하고, 얼마의 대출을 받고 그것을 어떻게 갚을지 등 세부계획이 나온다. 만약 언젠가는 멋진 아파트를 사겠다고 마음먹으면 정말 언젠가가 될 뿐이다. 정량적 목표가 있어야 실행력이 나온다.

　정량적 목표에서 가장 중요한 건 시간이다. 정확히 언제 이룰 것인가를 설정해야 한다. 우선 시간을 자원이라는 관점에서 바라보자. 시간은 정말 소중한 자원이다. 눈에 보이지 않을 뿐이지 시간은 실행을 이끌어내는 강한 자원이다.

　목표를 잡았다면 언제까지 이루겠다고 기록하라. 그리고 날짜에 온 집중을 하자. 날짜만 설정하고 집중을 하지 않으면 흐지부지해지고 다른 유혹에 넘어갈 수밖에 없다. 목표를 잡으면 날짜에 집중하자.

　일본에서는 1980년대 후반부터 1990년대에 태어난 세대를 가리켜 사토리 세대라고 한다. 사토리는 '득도, 깨달음'이라는 뜻으로, 이들은 일본의 잃어버린 20년에 태어나 자동차, 사치품, 해외여행 등에 관심도 없고 돈과 출세에도 욕심이 없다. 물질적 풍

요에도 관심이 없고 특별한 목표도 없다.

우리나라 역시 저성장이 오래되면서 3포 세대, 5포 세대, N포 세대 등 우울한 신조어가 생겨나고 있다. 제조업 성장이 한계로 다가오며 겪는 지금 청춘들의 현실이다. 40대로서 지금의 청춘에게 미안할 따름이다.

많이 힘들겠지만 이럴 때일수록 목표를 설정하는 능력을 길러야 한다. 그것도 정량적으로 말이다. 목표를 설정한다면 실행에 강한 원동력이 생긴다. 실행을 통해 얻은 경험을 나눠주고 기존 세대가 잘못 만들어놓은 것을 바꾸는 힘을 배양해야 한다.

목표는 구체적이고 자세할수록 좋다. 그리고 목표에 초점을 맞춘다면 실행력의 원동력은 강해진다.

프로의식도
욕망이 있어야 한다

같은 분야에서 똑같은 일을 하면서도 주인공의 인생을 사는 사람이 있는가 하면 언제나 엑스트라의 역할을 벗어나지 못하는 사람이 있다. 인생 초년시절. 누구나 영화나 드라마에 등장하는 주인공의 삶을 꿈꾼다. 하지만 사회에 발을 내딛으면서 일을 비롯해 생활에 치이다 보면 어느 순간 '내 주제에 무슨 주인공씩이나 될 수 있겠어', '그저 남들처럼 다들 그렇게 사는 거지' 하며 몸을 웅크리고 낮은 자세를 취하고 만다.

내가 일하고 있는 세일즈의 현장 역시 다르지 않았다. 부푼 꿈과 기대를 안고 찾아온 첫 직장의 초년병들은 하나같이 기대 반 설렘 반으로 '나는 세일즈 왕이 되겠어!'라는 눈빛으로 몇 개월을 보낸다. 하지만 다른 분야보다 더 치열한 세계가 바로 이 세일즈의 세계라는 사실을 그들은 곧 알게 된다. 그리고 하나 둘씩 이 세계를 떠난다. 나는 세일즈의 세계에 입문하기 전 여러 직업을 통해 쓰디쓴 실패를 맛보며 세상의 모든 직업이 일종의 혹독한 과정을 거쳐야만 궤도에 오를 수 있다는 것을 알고 있었다. 특히 이 세일즈 분야는 더더욱 그러했다.

이 세계는 일상의 다반사가 '거절 또 거절'이기 때문이다. 자존 감에 상처를 받고, 용기와 자신감마저 무너지는 경우가 허다하 다. '내가 이렇게 자존심을 구기면서까지 고객을 만나야 하나'라는 생각이 든 적이 한두 번이 아니었다. 냉정하고 차갑고 혹독한 고객 의 거절 한마디에 수없이 상처받고 돌아서야 했던 날들이 많았다.

"재명씨, 나 도저히 못해 먹겠어. 매월 세일즈 실적표를 보는 것도 힘들고 상사 눈치 보는 것도 이젠 지겨워. 아무래도 다른 일을 찾아봐야겠어."

입사초기, 가장 자신감이 강했던 동료 K는 1년도 되지 않아 사 직서를 내고 말았다. 그렇게 많은 이들이 떠났지만 나는 남았다. 실력이 좋아서가 아니라 자존심이 용납을 하지 않아서였다. '세 상에는 분명 일인자들이 있고 그들에게는 확실한 성공의 이유와 성공 스킬이 있어. 이 세일즈의 세계에서도 분명 스킬이 존재할 거야!' 세일즈 세계에 입문하면서 슬럼프를 겪을 때마다 문제의 원인과 결과를 찾기 위해 서점에 찾아가 여러 권의 책을 읽은 적 이 있었다.

'세일즈맨은 크게 둘로 나뉜다. 전설의 주인공이 되는 사람과 바람처럼 사라지는 엑스트라와 같은 사람'이다. 전설의 주인공들은 자신의 욕망에 집중하는 사람들이고, 나머지 엑스트라들은 세일즈를 그저 일과 직장으로만 생각한다.'

브라이언 트레이시, 앤서니 라빈스, 데일 카네기의 저서들을 읽으며 내 심장에 박힌 단어가 바로 '욕망'이었다. 그들이 공통적으로 이야기하고 있는 단 한 가지! 그것이 바로 아마추어와 프로를 가르는 마인드, 바로 '욕망의 차이'였다.

"모두 헛수고야. 하루 종일 수십 곳씩 고객을 찾아가고 설명을 해봐도 돌아오는 건 모두 독설과 거절뿐이었어. 이젠 지쳤어, 내 길이 아닌가 봐."

이 이야기를 지난 십 년 동안 수 십 차례 들어왔다. 나 역시도 한때 그와 같은 푸념으로 하루하루를 보낸 적이 많았다.

"인생 최고의 날은 자신의 사명을 발견하는 날이다."

스위스의 철학자 칼 힐터의 말이다. 자신만의 세일즈 철학을 가진 사람과 그저 세일즈를 일이나 직장의 개념으로 대하는 사람의 극명한 차이가 바로 여기에서 갈린다는 사실을 알았다.

대부분의 세일즈맨들은 '물건과 상품을 고객에게 팔아 실적을 올리는 사람'으로 인식하고 있다. 과거의 나도 그렇게 세일즈를 받아들이고 있었다. 하지만 자신만의 세일즈 철학이 있고, 확실한 욕망이 있는 사람들은 자신을 단지 고객에게 물건을 파는 사람으로 생각하지 않고 고객의 문제점을 해결해 주는 '문제해결사',

'함께 성장하는 파트너이자 컨설턴트' 마인드를 가지고 있었다.

철학은 자신의 사명을 설정하는 것이다. 욕망은 자신의 철학에서부터 시작되고 더욱 강력해진다. 자신만의 세일즈 철학과 사명, 강렬한 목마름! 욕망이 없다면 다른 분야보다 더욱 혹독한 이 세일즈의 세계에서 버텨낼 수 없는 것이 사실이다. 세계적인 세일즈의 대가이자 컨설턴트인 브라이언 트레이시는 세일즈의 성공여부는 바로 강력한 정신력에서 판가름 난다고 단언했다. 불굴의 정신력! 뚜렷한 자기만의 세일즈 철학! 강렬한 욕망!이 바로 프로의식을 만들어 주는 것이다.

'퍼스트 무버First Mover'라는 말이 있다. 세상의 변화를 주도하고, 새로운 분야를 개척하는 창의적인 선도자를 의미한다. 실패를 두려워하지 않는 불굴의 투지는 바로 뜨겁고 강렬한 욕망에서 나온다. 퍼스트 무버들은 "그곳엔 절대 길이 없어. 다른 길을 찾아봐!"라고 떠들어대는 사람들의 말을 귀담아듣지 않는다. 그들은 이미 자신이 왜 이 일을 해야 하는지, 자신의 절대적인 사명이 무엇인지, 확실한 의미와 목적, 철학을 세워놓고 하루하루를 계획하고 실행해나가는 사람들이다. 길이 없다면 만들고 찾아나가는 불굴의 정신력으로 무장한 사람들이다.

나 역시 세일즈를 직장의 개념으로 접근했다면 다른 이들처럼 채 몇 년도 버티지 못하고 떠났을지 모른다. 다른 분야보다 거절의 횟수와 독설의 횟수가 더욱 많고 심한 직업이 바로 이 세일즈의 세계이기 때문이다. 모든 분야의 일인자들은 퍼스트 무버의 마인드로 일과 직업을 대하고 있다.

치열한 경쟁과 실적의 압박, 숨을 쉴 수 없을 정도의 한계에 직면했다는 생각이 든다면 당신에게 지금 필요한 것은 퍼스트 무버 정신, 뜨거운 욕망과 새롭게 도약하는 끈질긴 승부근성이다.

절실한 목마름이 있다면 문제의 원인을 찾아낼 수 있다. 그 목마름에 욕망이라는 살을 붙이면 새로운 전략과 전술이 만들어진다. 무사가 전투에 임하기 전 철저하게 전략을 짜고 강철의 갑옷을 입듯이 당신도 당신의 분야에서 욕망이라는 강력한 갑옷을 입고 전장에 임하라.

실행의 근성은
철학을 앞선다

TV에서 어떤 분야의 장인이나 고수가 출연할 때가 있다. 신기神技에 가까운 실력에 감탄도 하지만 어떤 철학을 가지고 일하는지 참 궁금하던 차에 리포터가 질문했다. 그들의 답변을 나름 정리를 해보니 정답이라 할 수는 없지만 대체로 두 가지의 답변으로 나뉜다는 것 깨달을 수 있었다. 일의 철학을 줄줄이 풀어내는 쪽과 "하다 보니 그렇다"며 간단하게 대답하는 쪽이다. 두 대답 모두 감탄할 수밖에 없다. 내가 감탄하는 이유는 치열한 실행을 통해 얻은 삶의 농축과도 같다는 생각에서다.

꼭 장인이나 고수가 아니어도 신기를 발휘하는 사람이 많다. 그런 사람을 다룬 프로그램이 SBS의 〈달인〉이다. 만두 10개를 정확히 똑같은 무게로 만들어내고, 한 봉지에 넣을 과자의 개수를 정확히 잡는다. 일반인이 볼 때는 놀라운 기술이다.

놀라운 신기를 보고 지금과 같은 경지에 오르게 된 계기를 물어보면 대답은 비슷하다. '사랑하는 가족을 위해', '가난을 벗어나고 싶어서' 등 우리네와 비슷한 사연을 가지고 있다. 세상에는 많은 이론들이 있다. 그리고 수많은 철학이 있다. 하지만 실행의 근성으로 얻은 철학은 실전철학이다. 중요한 것은 자기 철학을 가져야 한다는 것이다. 지금 자기 철학이 없다면 실행으로 그 철학을 만들어야 한다.

우리 주변에는 이론에만 매달리는 사람들이 있다. 물론 우리 삶에 이론은 꼭 필요하다. 하지만 이론과 실천이 병행된다면 배움의 양과 깊이는 폭발적일 것이다. 최근 교육자들이 우려하는 것 한 가지는, 학습에서 학學은 넘쳐나는데 그것에 필요한 습習이 적다는 것이다. 습은 실행을 통해서만 가능하다. 이론도 가르치면서 실행하는 방법 또한 가르친다면 습은 저절로 이루어질 것이라 생각한다.

19세기 스페인의 바이올리니스트이자 작곡가로 알려진 파블로 데 사라사테는 주변사람들이 자신을 천재라 부를 때 일침을 가하는 명언을 남겼다.

"37년간 하루도 빠짐없이 14시간씩 연습했는데 그들은 나를 천재라고 부른다."

이 명언을 듣고 무릎을 쳤다. 많은 사람이 성공한 사람에게 일에 대한 철학을 묻고 그들의 비법을 따라하고 싶어 한다. 하지만

하나
進不求名

TV에서나 책에서나 특별한 비법은 없다. 그저 하루도 빠짐없이 14시간 이상 연습하는 것뿐이다. 이것을 실행의 근성이라 할 수 있다. 실행의 근성만 있다면 자신만의 철학은 저절로 생긴다. 말 그대로 방아찧다보니 자신의 철학이 나온 것이다.

《개미》,《파피용》등으로 수많은 히트작을 만들며 천재 소설가로 불리는 베르나르 베르베르가 한 방송에 출연했다. 그 방송을 보며 그는 천재이기보다 실행력이 강한 사람이라는 생각이 들었다.

그는 고등학교 때부터 신문을 만들고 꾸준히 글을 써낸 세월을 바탕으로 《개미》를 집필했다. 나이만 어릴 뿐 글을 쓴 세월이 결코 적지 않았던 것이다. 그리고 자신이 좋아하는 걸 포기하지 않고 실행했던 실천력이 있었던 것이다. 그를 잘 보여준 일화를 소개한다.

"Again(다시), Again(다시)."

소설가인 그가 피아노를 배우기 위해 외친 말이다. 건반이 틀리면 '다시'를 외치고 피아노를 배워갔다. 틀리면 부끄러워하거나 힘들어하지 않고 계속 '다시'를 외치는 것이다. 이 장면을 보고 그가 천재 반열에 올라간 이유를 알 것 같았다. 소설을 쓸 때 절망하거나 내려놓고 싶은 충동이 들 때마다 분명 '다시'를 외쳤을 것이다. 치열한 실천을 통해 자신만의 철학을 만들어 소설을 펴내며 세상과 소통했을 것이다. 이처럼 실행하는 데 치열한 근성을 더하고 꾸준히 밀고 나간다면 어느덧 자신만의 철학이 나온다는 점을 명심하자.

실행하는 것만이 답이라고 여기는 사람들은 다음과 같이 행동한다는 공통점이 있다.

첫 번째는 지레짐작하지 않는다는 것이다. 한 분야의 고수라고 불리는 사람은 "하다 보니 재미있다"라는 말을 한다. 어떤 일이든 일정한 단계에 오를 때 위기가 오는 법이다. 그럴 때 '나랑 맞지 않는 일이네'라고 생각할 수도 있다. 지레짐작이다. 진정성을 가지고 해도 안 될 때는 접어야 하지만 애초에 지레짐작해서 접는 행동은 하지 말자.

두 번째는 단조로운 작업을 할 때 끊임없이 개선하려고 한다는 것이다. 일을 실행하는 데 단조로운 작업의 순간이 있다. 매일 만나는 사람, 매일 반복되는 일처럼 말이다. 이때 지루함을 없애고 일의 효율성을 높이기 위해 작은 부분이라도 끊임없이 개선해보자. 큰 변화가 오면 대 만족이고 작은 변화가 온다 해도 지루해지지 않는다. 작은 부분이라도 개선점을 찾아라. 그렇다면 실행력을 높일 수 있다.

생각이 복잡하면 실행하는 데 방해도 많다. 때에 따라 실행을 하면 자기 철학을 만들 수 있다. 어쩌면 학學이 넘쳐나는 세상에 습習을 실천하며 학습 모두 완벽히 가질 수 있는 사람이 될 수도 있다.

둘.

지 성 무 식

至 誠 無 息

지극한 정성은
쉬지 않고 실행하는 것

기교만 많다면
행동에는 마이너스다

행동력을 이끌어내는 강력한 힘 중 하나는 칭찬이다. 스스로 주는 칭찬도 좋지만 남이 해 주는 칭찬이야말로 정말 힘이 나는 법이다.

시간이 허락할 때면 처음 영업을 시작했던 동네를 돌아다니기도 한다. 추억도 되살리고 고객님들 안부도 묻는데 그것이 내게는 나름 힐링 아닌 힐링이다. 그러던 어느 날 오후 3시를 넘길 때쯤 오랫동안 계약을 유지한 고객의 식당을 방문했다. 오후 3시면 식당주인에게는 휴식시간이다. 불쑥불쑥 방문하기 때문에 당황하는 고객도 있지만 오랫동안 지켜본 고객이라 그날도 반갑게 맞이해 주셨다.

"커피 한 잔 타 줄까?"

"제가 타 먹겠습니다."

몇 년째 같은 말로 묻고 같은 말로 대답한다. 변함없는 고객과 판매자의 모습이다. 커피를 마시며 안부를 묻고 있는 도중 나의 어깨를 두드리며 "자네! 참 열심히 살아" 하며 칭찬을 해 주셨다. 그 한마디에 나도 모르게 어깨가 들썩였다. 고객과 판매자를 떠나 인간적으로 나를 인정해 주는 순간이었기 때문이다. 그 짧은 칭찬 한 마디에 그날 몇 배를 더 움직여 신규고객을 확보했던 기억이 있다.

가끔 다양한 재주를 가진 사람을 만날 때가 있다. 같은 삶을 살아도 누구는 저렇게 많은 재주를 가졌다는 사실에 부럽기만 하다. 하지만 재주가 행동을 이끄는 데 쓰여야지 재주를 기교로 변질시켜 기교로만 행동한다면 문제가 발생한다. 오히려 재주가 없기에 행동력으로 보여 주면 칭찬으로 돌아온다.

기교가 많다면 진정성과는 상극관계다. 기교란 국어사전에 '기술이나 솜씨가 아주 교묘함. 또는 그런 기술이나 솜씨'라고 명시되어 있다. 말을 잘하고 임기응변을 잘한다고 해서 뛰어난 사람이 되는 것은 아니다. 기교가 많아지게 되면 소비자들의 입장에서는 '진정성이라기보다는 온전히 판매에 집중을 하고 있으며, 나를 고객으로 보는 것이 아닌, 돈줄로 보고 있다'고 생각하기 십상이다. 실제로 판매 사원들이 상당히 많은 기교를 부리게 되면 부정적인 시선으로 보는 경우가 많다. 행동력에도 기교보다 진정성이 우선시되어야 한다. 진정성이 없다면 행동력의 강한 동기부여인 남들의 칭찬은 이미 물 건너 간 것이다.

　가정형편이 어려워 교사를 그만두고 영업에 뛰어들어 신화를 이룬 두진문 전 웅진코웨이 대표는 그의 저서 《성공하고 싶은가? 영업에서 시작하라》를 통해 진정성이 얼마나 중요한지 설명하고 있다.

"그렇게 영업이 안 되는 이유를 분석하다가 내가 영업을 통해 얻으려는 목적이 잘못됐다는 것을 깨달았다. 지금까지는 내 목적을 위해서 고객을 만났고, 내 실적을 높이기 위한 방법만 강구했다. 내가 돈을 버는 것이 목적이었고, 그러기 위해 사람을 만났고, 내 목적만을 이루려고 물건을 팔려 했다. 그렇게 함으로써 내 상사들이 나를 좋아하게 만들어 인정받고 싶었다. 모든 면에서 나 중심에 매몰되어 영업을 시도했다. 내가 이 물건을 팔아야 먹고살 수 있고 승진도 하고 가정도 지킬 수 있다고 생각했다. 그런데 고민에 고민을 거듭하는 동안, 내가 목적을 삼아 영업을 해왔으니 이제는 남이 원하는 것을 먼저 얻을 수 있도록 도와주는 영업을 해보자는 생각이 들었다. 다른 사람의 필요를 위해 섬기고 봉사하고 최선을 다해 보는 것이다. 그리고 이것을 실천으로 옮기자 나와 만나는 사람들이 나를 통해 만족하기 시작하였고 더불어 내 인생에서 내가 원하는 것도 가질 수 있었다. 이 단순한 진리를 알기까지는 적지 않은 시간이 걸렸다."

고객들에게 판매를 권유하고 강요하는 영업인은 그의 짧은 영업 생명력이 보일 수밖에 없다. 하지만 고객에게 단순한 상품을 파는 것이 아닌, 그들이 필요로 하는 것을 채워 주고 더 나아가 그들의 대화 상대까지 될 수 있어야 한다. 그래야 행동하는 데도 재미를 느낄 수 있다.

이제는 더 이상 판매만 하면 그만인 영업의 시대는 끝이 났다. 또한 단순 판매만으로 생계를 이어오던 영업 사원들은 결국 오래 버티지 못하고 스스로 튕겨 나갈 수밖에 없다.

시대가 변함에 따라 고객들의 사회 · 문화 수준 또한 높아져 제품도 전문가 수준으로 파악하고 있는 고객들이 점차 늘어가고 있다. 이제는 더 이상 '팔고 나면 끝'이라는 말이 통용되지 않는다. 고객의 입장에 서서 얼마나 잘 이해하고 잘 들어주는지 고객들은 판매자를 신중히 지켜보고 있다. 이해와 경청은 모든 영업인들에게 필요한 것이지만 특히 보험 분야에 종사하는 이라면 이 부분에 더더욱 집중하고 신경 써 진정한 '감성 영업'을 해야 한다.

어느 회사에서는 '고객을 애인처럼 대하라'고 할 만큼 고객들을 주기적으로 만나고 연락하고 하나하나 잘 보살펴 주기를 독려한다. 요즘에는 대형 기업들의 광고만 봐도 예전과는 다른 감성으로 더욱 호감 가는 기업으로 변모하는 경우도 많다. 광고 또한 소비자들을 중심으로 소비자들의 일상적인 가족 이야기, 회사 이야기들을 녹여 더욱 친근하게 만들고 있다. 이러한 광고를 통해 시청자들의 눈물을 훔치게 하는 경우도 있으며, 심지어 대박이 나는 기업도 있다.

롱런하기 위한 영업의 방법은 고객에게 진정성을 가지고, 달콤한 거짓의 유혹이 아닌, 내 가족이 물건을 구매하고 산다는 생각으로 대하라. 만약 내 가족이 거짓으로 한 영업의 피해자가 된다고 생각해 보아라. 그 기분은 말로 할 수 없을 것이다.

행동력의 원천인 칭찬도 이와 같다. 능수능란한 재주만 믿고 행동을 줄이고 임기응변만 취한다면 사람들은 금방 눈치를 채게 마련이다. 더욱이 나보다 뛰어난 사람들은 언제나 존재하기에 아무리 잘 포장한다 해도 진정성이 없다면 칭찬이 아닌 질타로 되돌아 올 것이다. 질타를 받는 데 누가 행동을 하고 싶을까.

세상에 혼자 이룰 수 있는 건 없다. 다른 사람의 도움이 필요하다. 재주가 많다는 건 분명 좋은 일이다. 하지만 재주가 기교로 변하고 행동에 기교만 있다면 누군가의 도움을 받을 수 없다. 행동을 끌어주는 도움을 받고 싶다면 재주는 재주로 발휘하고 진정성 있는 행동으로 사람을 끌어들이자.

포기하지 않는다면
반전의 기회는 있다

타고난 천재가 있다면 평범한 사람의 끊임없는 노력은 허무할 것이다. 노력으로 천재를 따라 잡을 수 없는데 무엇 하러 고생하고 있을까. 주어진 대로 살면 되는 데 말이다. 평범한 사람이 힘들게 노력을 하는 건 따라잡을 수 있고 역전을 할 수 있다는 가능성을 믿기 때문이다. 가능성의 또 다른 이름은 희망이다.

사실 우리가 따라잡을 수 없다고 생각하는 천재들의 이야기에는 왜곡이 많다. 상대성이론을 발표한 아인슈타인은 특허공증인으로 수많은 특허를 직·간접으로 2만 시간 이상 공부했고, 작곡 천재이자 음악 신동으로 알려진 모차르트는 5세 때 작곡을 시작했지만 독창적이고 역사에 남는 작곡을 이루어 낸 건 10년이 지난 후였다. 우리가 알고 있는 천재들에게 타고난 천재성은 없었다. 타고난 천재는 존재하지 않고 평범하지만 끊임없는 노력으로 천재가 된 것이다. 그리고 결과가 나올 때쯤 세상을 놀라게 하는 반전을 보여준다. 평범한 사람이 세상을 놀라게 하는 반전을 보여주는 유일한 방법이 있다면 몸담고 있는 분야에서 포기하지 않고 지속하는 것뿐이다. 그럴 때 반전의 기회는 주어진다.

미국 고교미식축구팀에 얽힌 유명한 일화가 있다. 전반경기를 마친 후 힘들어하던 선수들에게 코치가 질문을 했다.

"마이클 조던은 알고 있을 것이다. 마이클 조던이 포기한 적이 있는가?" 선수들은 "아닙니다"라고 답했다. 다시 코치는 "라이트 형제가 포기한 적이 있는가?", "아닙니다.", "존 얼웨이(미식축구 스타)는?", "포기한 적 없습니다.", "그럼 엘머 윌리엄스는?" 선수들은 당황했다. 그가 누군지 모르기 때문이다. "그가 누구입니까?" 선수들이 되묻자 코치는 모르는 게 당연한 듯 말했다. "당연히 너희들은 모를 것이다. 왜냐하면 그 사람은 중간에 포기했기 때문이다."

코치가 무엇을 말하려는지 선수들은 잘 알고 있었다. 타고난 재주가 있어도 중간에 포기한다면 그것으로 끝이다. 포기하지 않는다면 많은 시간 동안 반복연습을 무기 삼아 실력이 쌓인다. 그러다 보면 같은 분야의 사람들이 나타나기 시작한다. 실력이 늘어나는 건 물론 보는 시야 역시 넓어진다.

영업을 하다보면 포기의 유혹이 매번 찾아온다. 15년 가까이 영업을 했어도 포기하고 싶은 순간은 끊임없이 찾아왔다. 그때 선택은 두 가지뿐이다. 포기하든지, 묵묵히 해나가든지.

아무 연고도 없는 매장에 들어가 나를 알리고 긴 시간도 아닌 2분만 내어달라 말한다. 열에 열이라 표현해도 무방할 정도로 '영업 사원이네' 하며 힐끔 쳐다보고 만다. 그리고 아무렇지 않게 각자 하던 일을 한다.

영업의 시작은 이때라 말한다. 정말 맞는 말이다. 그렇게 힐끔 쳐다본 후 각자 일을 할 때 포기하고 문을 열고 나가고 싶어진다. 길어봐야 1~2분 정도 참고 있으면 "나가 주세요" 또는 "앉아서 커피 한 잔 하고 가세요"라고 말한다. 같이 마셔주면 무한정 감사하고 혼자 커피를 마시면서 사무실 분위기를 볼 수 있다면 50%는 성공한 것이다. 1~2분을 포기하지 않는 것이 성공의 비결이다. 거절을 이기는 실행력이란 1~2분 사이의 결단과 발걸음뿐이다. 포기는 습관화다. 처음 영업을 시작했을 때 1~2분 버티는 습관을 들인 덕에 아주 잠깐의 고민은 할지언정 포기는 하지 않는다.

"영웅은 평범한 사람보다 용감한 것이 아니라 5분 더 용감할 수 있는 사람이다." 미국 사상가이자 시인인 랠프 에머슨의 말이다. 영업에 딱 들어맞는 말이고 거절 때문에 실행이 두려운 사람에게 결정적으로 힘을 주는 말이다. 단 몇 분의 싸움일 뿐이다. 단 몇 분만 포기하지 않는다면 반전의 기회는 반드시 온다.

삼성생명 최연소 보험명인이자 보험계의 슈퍼스타로 잘 알려진 홍현진씨의 이야기다. 그녀는 자신의 분야에서 떳떳하게 성공해 《25살 대한민국 성공공식을 뒤집다》는 책을 집필해 주목을 받았다. 그녀는 자신의 마음가짐을 다음과 같이 말했다.

"거절을 당하는 것이 처음에는 무척 힘들었지만, 거절을 당하는 횟수가 늘어날수록 자신을 꼭 필요로 하는 고객을 만나게 될 확률도 높아진다는 것을 알기에 냉대와 무시도 견딜 수 있었다."

그녀의 성공비결은 '겸손함과 순수한 매력'이었으며 '벼는 익을수록 고개를 숙인다'는 말을 충실히 이행한 것이었다. 우리나라에서만 생명 보험설계사는 15만 명이 넘고, 지금 이 순간에도 보험의 세계에서 별이 되기 위해 발로 뛰는 사람, 이제 막 시작하는 사람들로 넘쳐나고 있다. 하지만 그녀는 그런 것을 생각하지 않고 순수한 진심으로 고객에게 다가갔다. 그리고 포기하지 않았기에 고객들이 그녀의 순수한 진심을 이해해준 것이다.

포기하지 않고 마음을 얻는 것에 대해 그녀는 책에 이렇게 서술하고 있다.

"물론 상품에 대한 지식이 뛰어나서 경쟁력이 있는 사람은 있겠지만, 그것만으로는 절대로 잘 팔 수 없다. 결국 잘 팔기 위해서는 마음을 얻어야 한다. 그리고 마음을 얻는 것은 각종 기술이나 기교가 아니라 진심, 그것 하나뿐이다."

이처럼 멈추지만 않는다면 그 너머에는 더욱 성장해 있는 '나'를 보게 될 것이다. 또한 자신이 얼마만큼 노력했는가에 따라 반전의 기회도 찾아 올 것이다. 설령 그 반전의 기회가 당장 바로 불쑥 나타날 수는 없을지 모른다. 하지만 포기하지 않고 한걸음씩 나아간다면 그 기회는 소리 소문 없이 자신에게 찾아올 것이다.

16살 때 인터넷 도메인 등록 대행 사업을 시작한 표철민 위자드웍스 대표는 최연소 CEO로 이름을 알리며 승승장구 했지만 스마트폰이 대중화되면서 경영에 위기를 느끼자 스마트폰 위젯 시장에 뛰어들기 위해 단칸방에서 직원들과 팬티만 입고, 라면을 먹으며 위젯을 개발했다. 그 역시 포기하지 않는 자세의 중요성을 다음과 같이 말한다.

"멈추면 망한다. 하지만 멈추지 않으면 망하지 않는다."

멈추지 않는다면 망하는 걸 넘어 반전의 기회를 잡을 수 있다. 반전의 기회가 없다면 얼마나 재미없겠는가. 누구나 반전의 기회는 있다. 표철민 대표는 일찍이 반전의 기회는 포기하지 않는 능력임을 알고 있었던 것이다.

지금 똑같은 삶에 싫증을 느끼고 있다면 반전의 기회를 노려라. 그것은 원하는 일을 끝까지 해내는 사람의 몫이다. 끝까지 해내는 것이 단 몇 분일 수 있고 몇 년일 수도 있다. 얼마 동안의 시간이 걸릴지 알 수 없는 일이다. 하지만 끝까지 해내는 사람이 반전의 기회를 잡는다.

눈앞의 이익에만 현혹된다면 다음은 없다

우리는 하루에도 수 십 번의 결정을 한다. 소소한 결정도 있고, 삶에 대단한 영향력을 행사하는 결정도 있다. 소소한 결정이든 대단한 결정이든 결정을 반드시 내려야 한다. 문제는 지금 한 결정이 다음에 어떤 영향력을 미칠지는 알 수 없다는 점에서 결정을 어려워한다는 것이다. 신중하게 결정한다고 해도 잘못된 결정을 할 수 있는데 우리는 결정을 너무 쉽게 내리는 경우가 있다. 특히 눈앞의 이익에 현혹되어 쉽게 결정을 내리고 스스로를 위험에 빠뜨리는 경우를 심심치 않게 볼 수 있다.

인사철이 되면 '하마평下馬評'이라는 단어가 자주 등장한다. 과거 궁궐에 들어갈 때는 지위고하를 막론하고 하마비下馬碑 앞에서는 타고 가던 말이나 가마에서 내려야 했다. 이때 하마비 앞에서 주인을 기다리는 가마꾼, 마부 들이 자기 주인의 인사이동이

나 출세 등을 이야기한다고 해서 유래된 말이다. 지금도 정부나 대기업에는 인사철이 있다. 이때 다양한 곳에서 하마평 정보를 얻을 수 있다.

대기업에서 근무하는 지인과 인사철에 식사를 한 적이 있다. 역시나 하마평이 흘렀다. 임원후보로 올랐던 두 부장 중 한 명은 임원에 떨어졌고 한 명은 임원이 되었다고 했다. 지인은 자신이 모시던 부장이 떨어져 안타까워했다. 떨어진 이유는 협력 업체에게서 받은 뒷돈 때문이라고 말했는데, 그 뒷돈이라는 말을 듣고 생각에 잠겼다. 액수는 알 수 없지만 뒷돈 때문에 몇십 년간 공든 탑이 무너졌다는 생각이 들었다.

돈을 받아야 했던 자세한 사정까지야 알 수 없지만 임원은 회사의 꽃이자 회사의 가신家臣을 뽑는 일이라 회사에서는 다양한 방법을 동원해 정보를 알아낸다. 이런 사실을 알면서도 눈앞의 이익에 현혹되어 부정을 못 이겼다는 생각이 들었다.

지금 하고 있는 결정이 인사이동처럼 미래에 어떤 영향을 행사할지 알 수 있다면 많은 사람은 실수를 하지 않을 것이다. 하지만 사람은 현재만 살 수 있다. 과거는 돌아오지 않는 시간이고 미래는 사람의 영역이 아닌 신神의 영역이다. 우리는 지금의 결정이 미래에 어떤 영향력을 행사할지 예상만 할 뿐이다. 예상할 때 눈앞의 이익에 현혹되어 더 넓게 보지 못한다면 다음 또는 내일은 존재하지 않는다.

개인뿐만 아니라 기업도 마찬가지다. 눈앞의 이익만 보고 달리다 변화를 거부해 시련을 겪은 필름회사 코닥이 대표적인 예이다. 코닥의 창립자인 조지 이스트먼이 24살 때 엄청난 크기의 카메라에 관심을 갖게 되면서 코닥의 역사가 시작된다. 시간이 지나면서 조지 이스트먼의 카메라에 대한 관심도는 더욱 커져만 갔다. 그러던 중 한 영국 잡지에서 사진작가들이 젤라틴 감광제를 사용하는 것을 보았는데 젤라틴 감광제가 건조되고 난 후에도 빛에 예민하게 반응해 야외활동에 적합하다는 것을 깨달은 후, 자신이 직접 제작에 나서기에 이르렀다. 그는 낮이면 은행에서 주업무를 했고, 밤에는 실험실에 박혀 있었다. 그렇게 3년이라는 시간 동안 실험에 몰두한 끝에 1880년 필름 검판을 발명했고, 이어 감광판을 대량 생산하는 방법을 특허 받고 빌딩의 한 층을 임대하여 판매용 감광판을 생산하기 시작했다. 본격적으로 1888년부터 '버튼만 누르세요. 나머지는 우리가 알아서 해결해 드립니다*You push the button, we do the rest*'는 카피를 사용하며 카메라 판매업까지 뛰어 들었다.

또한 코닥*Kodak*의 상표는 당시 이스트먼 회장이 가장 좋아했던 알파벳 'K'가 소비자에게 강한 인상을 주고 있다는 믿음에서 비롯되어 이 알파벳 'K'를 앞뒤에 반복해 만든 결과물이다. 이렇게 탄생한 코닥은 이후 엄청난 호황을 맞아 1980년대에는 종업원 16만 명을 거느리고, 세계 필름 시장의 3분의 2를 지배한 적도 있었다. 당시 그 인기가 어느 정도에 달했는가를 살펴보면, 미국인들이 '코닥 모먼트'라고 하여 사진으로 남기고 싶은 인생의 소중한 순간들을 '코닥의 순간'이라고 말 할 정도였다. 하지만 디지털 카메라의 등장으로 인해 코닥은 위기를 맞게 된다.

디지털 시대의 변화를 받아들일 것인지와 아날로그를 고수할 것인가를 놓고 선택해야 하는 순간, 아날로그를 고집하고 만다. 이후 코닥은 순식간에 몰락의 길을 걷는다. 하지만 한 번의 가혹한 교훈을 통해 코닥은 자신의 장점을 파악하고 화장품과 제약업에 뛰어들고 있다. 승부는 기다려봐야 알 것이다.

눈앞의 이익만 추구하다가 엄청난 손해를 몰고 온 사례는 굉장히 많을 것이다. 동화《황금 알을 낳는 거위》를 떠올릴 수도 있다. 황금알을 낳는 거위를 키운 주인들은 그 거위의 배를 가르게 되면 더 많은 황금 알들을 얻을 수 있다는 어리석은 생각을 하게 되었고 결국 눈앞의 이익에 눈이 멀어 그 거위의 배를 가르고 보니 그 안에는 아무 것도 없고 후회만 남게 된다는 이야기다. 유치원 때 이 동화를 읽었지만 교훈은 어른이 되어 얻는다.

영업직만큼 장기적인 안목이 필요한 일도 없을 것이다. 특히 실적에 대한 압박을 받게 되면 눈앞의 이슈에 현혹되기 싶다. 실적 압박 때문에 주위 사람, 즉 지인들을 활용하여 영업을 하는 것이다. 스스로에게 목표치를 부여하지 않고 어떠한 장기적 계획 없이 눈앞의 이익만 급급해 한다. 또한 가장 중요한 신규고객 개척시장을 전혀 노리지 않고 오로지 편한 방법으로만 영업을 하려는 경향을 뚜렷하게 보인다.

영업의 신이라고 불리는 사람들은 절대 지인 영업을 하지 않는다. 혹여나 하더라도 강요나 먼저 언급을 하지 않고 서서히 그들이 먼저 관심을 가지게끔 만들어 자연스럽게 영업을 한다. 영업의 신들은 몸으로 직접 부딪혀 돌아다니면서 사람들을 만나고 냉대와 비난 속에서도 절대 기죽지 않고 오히려 더 친근하게 다가가 자신의 사람으로 만들어 버린다.

한 기업에서는 온갖 역경을 딛고 성공을 이룬 중소기업의 최고 경영자 5명을 조사하여 그들의 성공 비법을 소개했다. 선박 소화 설비와 고압가스 용기 제조 부문에서 세계 최고의 기업으로 인정받고 있는 박윤소 NK 회장은 "기업의 목적은 이익이지만 그렇다고 당장 눈앞의 이익에만 매달렸다가는 결국 파산하게 된다"고 했으며, "인생도 마찬가지로 젊은 시절에 먼 미래를 내다보고 목표를 설정한 후 장기적인 계획을 세워야 한다"고 덧붙였다. 맨 땅에 헤딩 식의 도전으로 창업하여 11년 만에 700억 원 이상의 매출을 기록하며 제조업을 기반으로 한 벤처기업의 성공 모델을 일군 정문식 사장 또한 "한꺼번에 높은 꿈이 아닌, 하나씩 실천할 수 있는 꿈을 갖고 무엇을 하든지 최선을 다하라"고 조언했다. 장기적인 안목으로 하나씩 나아가란 말이다.

지극히 실천하는 사람은 눈앞에 있는 이익을 뛰어넘는다. 그리고 이익의 이면에 있는 모습을 보려고 노력한다. 때에 따라 손해도 보지만 손해가 돌아온다는 사실을 알고 행동에 들어간다. 언젠가 돌아온다는 사실을 알기에 남들이 조롱을 해도 끝까지 밀고 나간다.

"현명한 결정을 했다."

이 말에는 여러 가지 조건이 따라 붙지만, 당장 눈앞의 이익을 버리고 내일 또는 다음을 위해 결정했다면 현명한 결정이다.

이익에 현혹되는 순간 그것으로 끝이다. 실행에 옮기기 전에는 결정을 해야 한다. 이때는 보다 장기적인 안목이 중요하다.

계약은
무식함과 비례한다

평균적인 것도 모르는 사람이나 앞뒤 안 가리고 달려드는 사람을 '무식無識한' 사람이라 일컫는다. 또 다른 뜻으로 무식한 사람이 있다. 그것은 '무식無息한' 사람으로 쉬지 않고 행동하는 사람을 표현할 때 쓴다.

관점에 따라 다르지만 쉬지 않고 행동하는 사람無息은 정말 무식無識한 사람이다. 영업세계에는 무식할 정도로 쉬지 않고 행동하는 사람이 결국 승리를 얻는다는 사실을 알 수 있다.

만약 당신이 지금 영업을 시작하려 한다고 가정하자. 당신은 지금 아무도 알지 못하는 낯선 지역에 있으며, 지리 또한 제대로 알지 못한다. 그렇다면 지금 당신은 어떠한 방식으로 영업을 하겠는가? 여기에서 가장 확실하고 좋은 방법은 직접 부딪치는 방법밖에 없다는 것이다. 바로 무식함이다. 아무런 정보도 없고 가만히 앉아 단순히 생각만 계속하고 있다면 누군가가 당신에게 다가와 말을 걸지도 않을 것이다.

영업의 성공 원칙은 무식함과 비례한다. 행동도 마찬가지다. 이것저것 따지면 절대로 행동으로 옮기지 못한다. 영업에서 얼마나 많은 사람을 만나고 부딪치고 또 만나느냐에 따라 영업의 실적과 성공은 차이가 날 수밖에 없다.

'무식하면 용감하다'는 말이 심리학적으로 상당히 근거가 있다는 것을 알려준 실험이 있다. 쿠넬대학의 데이비드 더닝과 뉴욕대의 저스틴 크루거 두 명의 심리학자가 대학생들에게 문법, 추리, 독해 등의 문제를 주고 자신이 과연 몇 등을 했을지 예측해보라고 했다.

결과는 무척 흥미로웠다. 대학생들 중 한 쪽은 공부를 못하는 쪽, 즉 '무식한 사람'이라고 불리는 쪽이 실제 보다 등수를 매우 높게 추정한 반면, 공부를 잘 하는 쪽은 오히려 실제 자기 수준보다 더 낮게 추정했다. 이러한 현상을 더닝&크루거 효과*Dunning & Kruger effect*라 한다.

생각을 해보자. 장기판이 앞에 있다. 당신이 상대에게 질 것이라 생각한다면 결과는 지게 되어 있다. 만약 이긴다면 그건 요행일 뿐이다. 반대로 이긴다고 생각하면 이기는 수를 만들게 되어 있는 것이다.

행동을 할 때 부정적인 생각을 지레짐작하면 행동하기가 싫어지기 마련이다. 그러니 때에 따라 무식함이 필요할 때가 있다.

보험영업으로 이름을 날리는 K 대표가 있다. 그는 CCTV 사업을 하고 있던 중 우연한 기회에 보험 영업에 관심이 생겨 보험업계로 입문했다. 누구나 다 겪을법한 보험 입문은 그 역시도 피해갈 수 없었다. 냉정한 시선과 천대는 그를 따라 다니는 그림자였고, 포기하고 싶은 순간이 한두 번이 아니었다. 하지만 그는 어떠한 경우가 되더라도 포기하지 않고 앞만 보고 달려갔다. 무식한 행동이었다. 하루에 명함 30개 돌리기, 명함 50개 돌리기, 명함 100개 돌리기를 실천해가며 밤낮없이 영업 활동에 집중했다. 그는 '사람을 많이 만날수록 가망 고객은 쌓여 가고 결국에는 반드시 자신에게 돌아온다'는 신조로 영업활동을 해나갔다. 결국 그는 지금 자신의 이름으로 법인을 만들고 그 누구보다 풍요롭게 영업을 하고 있다. 또한 그는 영업의 기초를 굉장히 잘 닦아놓은 덕분에 굳이 발품을 팔지 않더라도 고객이 그를 찾아오게 만들었다.

처음 영업을 할 때는 이곳저곳을 방문하면서 좋지 않은 소리는 기본 중에 기본이고 신고나 폭행을 당하지 않는다는 것에 감사할 정도였다고 했다. 하지만 그는 절대 포기하지 않고 오히려 더욱 웃으며 고객에게 인사하고 적극적으로 다가갔다. 또한 고객의 가게에서 일까지 도와주며 고객들을 진심으로 대했다. 행동은 무식했지만 결과는 남달랐다. 쉬지 않고 행동하는 무식 또한 그를 도운 것이다.

조관일 대표는 그의 저서 《이기려면 뻔뻔하라》에서 무식함의 중요성을 이렇게 이야기하고 있다.

"뻔뻔하다는 것은 부정적 측면에서 보면 염치없는 것이지만, 반대의 시각에서 보면 일종의 용기라고 할 수 있다. 뻔뻔함은 상당한 두려움을 이겨내야 나올 수 있는 것이며, 아무나 그렇게 할 수 있는 게 아니기 때문이다. 겁이 많거나 소심하고 수줍음을 타는 사람은 뻔뻔하려고 해도 잘 되지 않는다."

무식은 또 다른 나의 강점의 무기가 될 수 있다. 또한 이러한 방식으로 끊임없이 영업을 하게 된다면 자신이 원하는 위치는 사실상 벌써 이룬 것과도 같다. 용기와 무식함에는 확실하게 차이가 있지만 포기하지 않고 지속적으로 하는 것으로서의 의미는 비슷하다고 여긴다. 또한 무식해지다 보면 자연스럽게 생각지도 않은 용기가 나올 수 있는 것이다.

때로는 무식함이 용감함을 낳고 뻔뻔함을 낳아 더 나은 상태로 만들어 주곤 한다. '무지는 지식보다 더 확신을 가지게 한다'는 말이 있듯, 다양한 고객층을 끊임없이 상대해야 할 수 있다.

'낙수천석落水穿石'이라는 말이 있다. 하찮은 물방울이 불가능한 결과를 이끌어내어 돌에 구멍을 낸다는 말로 포기만 하지 않고 지속적으로 고객들을 위해 움직이게 되면 반드시 그 노력의 대가는 짜릿할 것이다. 행동에도 무식이 있어야 한다. 여기저기 기웃거리다가 시간만 잃을 수도 있다.

무식無識과 무식無食으로 무장하기 위해서 다음과 같은 행동철칙을 두자.

【본전 생각을 내려놔라】

무엇을 하든 행동하는 데 있어 때에 따라 악수惡手를 써야할 때가 있다. 영업을 한다면 악수를 둘 때가 참으로 많다. 악수를 쓰고 후회하거나 마음에 담아둔다면 행동으로 연결시키지 못한다. 무식한 행동은 본전 생각을 내려놓을 때 제대로 발휘된다. 무식한 행동을 위해 두어야 하는 악수라면 본전 생각을 잊어라.

【이해하지 못하는 사람을 설득하지 마라】

무식한 행동에 이해를 못하는 사람들이 많다. 그들을 일일이 설득시키려면 끝도 없다. 이해하지 못하는 사람의 시선 때문에 행동에 가장 필요한 시간을 버려서는 안 된다. 설득시키지 말고 결과로 보여 주라.

【새로운 환경에 노출시켜라】

'지쳤다'의 의미 안에는 '지겹다'도 포함되어 있다. 지겹다는 건 새롭지 않다는 뜻이다. 늘 새로운 환경에 노출되었다면 지겨울 새가 없다. 스스로 새로운 환경에 노출시켜라.

행동을 해야 계약을 하고 행동을 해야 성과를 낼 수 있다. 계약과 성과 모두 무식함에 달렸다. 무식함이 주는 부정적인 의미를 걷어내고 관점을 바꾸어 행동을 이끌어내는 힘으로 삼아야 한다.

스스로를 밀어 넣는다면
행동은 따라온다

한국의 스티븐 호킹이라고 불리는 이상묵 교수는 전신마비라는 신체적 불편함에도 불구하고 많은 일을 이룬 학자다. 어릴 때 금융회사에서 일하는 아버지를 따라 인도네시아 자카르타에서 살았던 그는 수업이 끝나면 도서관으로 달려가 내셔널 지오그래픽을 보며 해양학자가 되기로 결심했다고 한다. 그 후 서울대학교에 입학해 해양지질학을 전공하고 미국 MIT에서 박사 학위를 받은 후, 우즈홀 연구원과 영국 더럼대학교 연구원으로 활동하며 세계적인 학자들과 연구 및 탐사를 하며 자신의 꿈을 이루어간다. 그러던 중 국내 연구기관의 강력한 권유로 인해 대양 연구의 불모지였던 우리나라에서 해양학의 지평을 넓히는 데 일조하게 된다. 그는 2003년 서울대 지구과학부 교수로 임용되어 열정과 열의를 가지고 해양연구를 계속하던 중 청천벽력 같은 사고를 당하게 된다.

캘리포니아 공과대학과 공동으로 진행한 미국 야외지질조사 프로젝트에 학생들과 참가하게 되었는데 이 연구 조사 과정에서 차량이 전복되는 참사가 일어나고 말았다. 당시 그의 나이 44세였다. 학자로서는 최전성기의 나이였다. 사고 이후의 결과는 더욱 참담했다. 그는 사흘간 의식불명의 상태로 있다가 겨우 눈을 뜨니 자신의 의지로는 몸을 전혀 움직일 수 없다는 것을 깨닫게 되었다. 목 부분의 척추를 다쳐 얼굴을 제외하고는 몸의 어느 한 부분도 움직일 수 없는 전신마비 상태가 되고 만 것이다. 그러던 그가 사고 6개월 만에 다시 교수로 복귀했다. 강의도 계속 이어나가고 있다. 과연 그에게는 어떤 일들이, 어떤 힘이 있었기에 가능했던 것일까? 그는 이러한 상황 속에서도 비관적으로 생각하기 보다는 긍정적으로 생각하려 노력했다고 한다.

"나는 항상 이런 생각을 한다. 사고를 통해 장애를 입었지만 다시 재기해 활동하는 데 필요한 최소한의 부분은 하늘이 가져가지 않았다고. 횡격막을 이용해서라도 정상인처럼 이야기할 수 있는 것만 해도 나는 행운아다."

이러한 마음가짐과 자신의 일에 대해 강한 집착과 애정이 있었기에 미국의 한 대학병원에서 재활치료를 하면서 마우스를 활용한 컴퓨터 장치를 소개 받고 필사적으로 훈련을 받은 결과, 마우스를 이용하여 전화할 수 있는 이지콜러 장치와 스크린이 달린 키보드 프로그램인 클리키를 사용할 수 있게 되었다. 스스로 자신을 긍정의 세계로 밀어 넣어 행동으로 연결을 한 것이다.

그의 동료들은 십시일반 돈을 모아 휠체어와 그 밖의 필요한 장비를 갖춘 미니 밴을 마련해 주었다. 그리고 그는 이렇게 주변의 도움으로 휠체어에 부착된 끈으로 몸을 꼿꼿이 세운 채 지금도 해양지질학 강의뿐 아니라 장애인 보조공학기 홍보대사와 지구과학 홍보대사 등 다양한 일을 하고 있다.

이상묵 교수는 열악한 상황에서도 자신에 상황에 대해 낙담과 절망하기보다는 더욱 자신을 채찍질했고, 무엇보다 장애에 제한을 두지 않은 채 자신의 일에 더욱 집중한 결과 지금의 자리에 이르게 되었다.

이상묵 교수처럼 스스로 자신을 밀어 넣는 행동을 절박감이라 부른다. 어떤 일이든 절박감이 없다면 행동으로 연결되지 않는다. 혹자는 행동만 하면 언제 휴식을 취하느냐 묻는다. 맞는 말이다. 우리는 휴식을 취하지 않고 행동만 한다면 지쳐 쓰러질 수밖에 없다. 휴식은 정말 중요한 존재다. 그런데 중요한 건 휴식이지 게으름은 아니다. 게으름은 휴식과 다른 개념이다.

한 분야의 전문가로 평가를 받고 있는 사람은 일정기간 자신을 무섭게 몰아쳤던 시간이 있다. 이 시기가 없었다면 지금과 같은 반열에 올라가지 못했을 것이다. 누구에게든 한 번은 자신을 몰아쳐야 할 시기가 온다. 누구에게는 한 번일 수 있고 누구에게는 수차례일 수 있다. 몰아치는 시기가 길고 힘들면 지치게 마련이지만 그 순간을 넘기면 담금질 하듯 더욱 단단하게 변화된다.

《배움을 돈으로 바꾸는 기술》의 저자 이노우에 히로유키는 일본 홋카이도 오비히로라는 지방의 한 치과병원 원장이다. 그의 병원은 일본은 물론 진료를 받기 위해 해외에서도 찾아올 정도로 유명하다. 일본 도쿄도 아니고 지방에 있는 치과가 세계적으로 유명해진 것은 이노우에 히로유키 원장의 끊임없는 배움 덕분이다.

그는 배우는 일에 시간과 비용을 아끼지 않는다. 평일과 주말의 구분 없이, 일본과 미국을 오가며 배울 수만 있다면 시간과 장소를 초월한다. 배움을 위해 자신을 밀어 넣는 것이다. 원장의 배움 철학은 인터넷강의를 듣는 것보다 세미나에 참석할 것, 그리고 이왕이면 유명하고 이름 있는 사람에게 배울 것을 조언한다. 여행이나 휴식을 위해 떠나는 것이 아니라 배움을 위해 해외를 넘나드는 모습에서 자신을 밀어 넣고 있다는 것을 알 수 있다.

배움의 비용은 일반인들에게는 상상을 초월하지만 배움을 통해 높은 수입을 창출하고 있는데, 그것은 지식을 배우면서 쌓은 대인관계, 진료를 넘어 경영에 관한 지식, 병원의 디테일한 운영 노하우 또한 수입으로 연결된다는 설명이다.

배움에는 끝이 없다지만 자기 분야 외에 다른 분야의 지식을

至誠無息 둘

배움으로써 자신을 밀어 넣고 행동하는 것을 보면 그가 보통 사람은 아니라는 생각이 든다. 자신을 몰아치면서 배워가는 의지가 지방에 위치한 치과병원임에도 승승장구하고 있는 비결일 것이다.

어릴 때는 부모님이나 선생님들이 행동을 종용했지만 나이가 들수록 행동을 종용하는 사람은 줄어든다. 나이가 들면서 생계로 인해 의무적으로 행동을 할 수밖에 없기 때문이다. 의무적 행동은 참으로 괴로운 일이다. 하지만 이상묵 교수나 이노우에 히로유키 원장처럼 자신을 밀어 넣는 행동은 의무가 아니라 자발적으로 하는 행동이다.

지금 하는 행동들이 대부분 의무적이라면 우선 작은 개선이라도 해보자. 혁명적으로 바뀌지 않아도 된다. 작은 개선을 통해 자발적 행동의 즐거움을 느끼면 된다. 자발적 행동의 즐거움이 쌓인다면 창의력을 더욱 발휘해 의무적 행동이 아닌 자발적 행동의 비중이 더 크게 차지할 것이다. 자발적 행동이 쌓이면 자신을 밀어 넣어 행동에만 더욱 집중할 수 있을 것이다.

셋.

선 승 구 전

先 勝 求 戰

판을 벌이기 전
먼저 이기고 판을 벌인다

먼저 이긴다면
실행력은 즐기는 게임일 뿐

"이겨놓고 싸운다."

≪손자병법≫의 핵심화두인 선승구전先勝求戰의 간단한 풀이다. 우리는 경쟁을 하지 않고는 살 수 없는 시대에 살고 있다. 완전한 자연인이 되지 않는 이상 서로가 서로를 이기기 위해 매일같이 경쟁해야 한다.

경쟁에서 질서와 법을 어기고 남을 짓밟아 이긴다면 질타를 받아야 하지만 경쟁자체를 부정할 수는 없다. 그리고 꼭 알아 두어야 할 것은 경쟁만큼 삶의 활력을 주는 것도 없다는 것이다. 우리는 경쟁을 통해 발전할 수 있다. 간혹 활력과 발전을 주는 경쟁을 피곤해하는 사람이 있다. 피할 수 없다면 즐기라는 격언처럼 경쟁을 당연하게 여겨야 한다.

경쟁을 앞두고 있다면 철저한 준비를 갖춘 후 실행해야 한다.

그렇다면 경쟁은 즐거운 게임이 될 것이다. 경쟁을 즐길 때 활력과 발전은 더 많이 따라오는 법이다. 경쟁을 피할 수 없기에 경쟁할 때 이기는 방법을 연구해야 한다.

이겨놓고 경쟁하기 첫 번째 단계는 사전 정보 파악이다. 상대방에 대한 정보가 있다면 미리 판을 짜놓고 움직일 수 있다. '지피기지 백전불태知彼知己 百戰不殆, 적을 알고 나를 알면 백 번을 싸워도 결코 위태롭지 않다.' ≪손자병법≫에 나오는 유명한 말이다. 그러니 중요한 일을 앞두고 있다면 사전 정보 파악은 기본이다.

자동차 판매 영업의 신이라고 불리는 K 대표는 영업에 대한 지식도 전혀 없고 성격 또한 활발하거나 적극적인 것과는 거리가 먼 사람이라고 할 수 있다. 하지만 예전부터 영업이라는 일에 대해 호기심을 가지고 있던 중, 그는 우연히 자동차 딜러에 관심이 가기 시작했다. 자동차 딜러가 되기 전에 우선 자동차 딜러들의 생활이 궁금해 각 지역을 돌아다니며 자동차 전시장을 방문했다. 그리고 자동차 딜러들의 생활과 고충을 하나씩 받아 적으며 그렇게 50개가 넘는 전시장을 방문했다.

그렇게 사전에 정보를 파악한 후 종합적인 판단 끝에 자동차 딜러 세계에 정식으로 입문했다. 그가 50개의 매장을 돌아다니며 얻은 결론은 너무나 간단한 것이었다.

"거절을 이기는 자만이 진정한 영업인이다."

동기들은 머리로만 알았지만 K 대표는 50여 개의 전시장을 돌아다니며 자동차 딜러의 세계를 미리 파악한 것이다. 딜러들의 생활을 간접적으로나마 배우고 고객들의 입맛까지 파악하게 되니 그 이후의 실행들은 배에 돛을 단 듯 순조롭게 진행되었다. 그는 선배들보다 몇 배나 높은 실적을 올렸고 그의 그런 능력은 입소문으로 알려져 결국 유능한 자동차 딜러로 성공하게 되었다.

처음 영업을 시작하는 사람들이 가장 많이 듣는 말 중 하나는 "거절을 두려워하지 말라"는 것이다. 거절을 이기는 순간 그 뒤의 실행은 식은 죽 먹기라고도 할 수 있다. 가장 많이 당황하고 자신감이 떨어지는 순간은 바로 고객이 차가운 말투로 단칼에 거절할 때이다. 하지만 그때를 가장 중요한 포인트로 생각하고 고객이 부담스럽게 느끼지 않도록 다양한 방법을 이용해 다가가야 한다. 물론 그런 고객에게 다가가기 위해서는 사전 정보가 중요한 법이다.

영업이란 을의 입장이다. 그렇다고 해서 자존심마저 꺾고 을의 입장에서 일하는 것은 금물이다. 을의 입장이지만 동등한 관계로 만들어주는 게 먼저 이기고 들어가는 방법이다. 더욱이 지금 팔고 있는 물건이 고객에게 도움이 된다는 확신이 있다면 한 사람을 패배자로 만드는 경쟁이 아니라 같이 이길 수 있는 원―윈 게임인 셈이다.

한국영업기술 심현수 대표의 저서 ≪거절 없이 사게 하라 거침 없이 판매 하라≫에는 을의 입장이지만 동등한 입장에서 판매하라는 메시지가 담겨 있다.

 "'영업을 하려면 자존심을 먼저 버려야 한다'고 선배들은 말할 것입니다. 전 과감히 '아니다'라고 말씀드리고 싶습니다. 절대 자존심을 버리지 마세요. 대신 전문가로서 갑의 입장으로서 자신감 있게 자존심을 지키면서 갑의 영업을 하십시오. 방법을 터득하시면 고객이 먼저 상담해달라고 전화가 올 것입니다."

 동등한 입장을 넘어 먼저 상담해달라고 전화를 걸려오게 하려면 철저한 준비가 필요하다. 그래야 고객과 같이 일할 수 있고 때에 따라 고객이 잘못 생각하고 있는 부분에 대해서는 꾸지람을 해서라도 알려줄 수 있는 법이다. 철저하게 준비한다면 당당함은 따라오는 법이고, 당당하다면 실행 또한 자동으로 따라오는 법이다.
 먼저 이기는 판을 짜고 들어가는 사람들의 태도에는 공통점이 있다. 이 태도를 갖춘다면 당당함은 물론 실행력까지 갖출 수 있다.

【목표부터 정확히 설정한다】

목표가 없다면 사전에 왜 정보를 구해야 하는지, 고객을 만나기 전에 왜 주고받을 이야기를 찾아야 하는지 동기부여를 주지 않는다. 영업의 경우 목표가 판매로 귀결되지만 수많은 판매 상품 중에서 고객에게 어떤 것을 판매할지 정확한 목표를 세운다.

【출구전략을 미리 세운다】

출구전략은 빠져 나와야 할 방법이나 시기를 말한다. 배수진을 치고 죽자 사자 덤비는 건 매우 위험한 행동이다. 죽자 사자 덤볐다가 고객이 당신에 대해 부정적인 감정에 휩싸일 수 있다. 출구 전략이 있다면 다음을 염두에 두고 행동할 수 있다. 다음이 있기에 현재에 집중할 수 있는 것이다. 다음이 없다면 현재의 집중보다 다음의 불안이 엄습해 오므로 행동에 집중할 수 없다.

【자신의 범위를 벗어나 정보를 구한다】

많은 사람들이 정보를 구할 때 자신의 범위에서 구하려 한다. 인터넷의 정보나 상대방의 겉모습으로 판단하는 것이 이에 속한다. 자기 시야, 자신의 판단만으로 정보를 구하려 하면 왜곡된 정보를 접하게 될 수 있다. 진정한 정보는 자기 손에 있는 것이 아니다. 다른 사람이 주는 정보가 진정한 정보다. 정보를 얻기 위해서는 주변 사람에게 기꺼이 조언을 구해야 한다.

행동하기가 어려운 건 앞일을 예측하기 어렵기 때문이다. 우리는 앞일을 알지 못하지만 앞일에 대한 시나리오는 짤 수 있다. 시나리오는 먼저 이기는 방법에 초점을 맞추고 그 흐름대로 만들어가는 것이다. 이런 시나리오 없이 즉흥적으로 결정하고 행동하려 든다면 다양한 변수 때문에 행동에 방해가 될 것이다. 방해받은 경험이 쌓일수록 행동은 더욱 어려워지게 마련이다.

먼저 이기는 판의 시나리오를 만들고 행동으로 실행하자. 그렇다면 행동은 즐기는 게임이 될 수 있다.

사소한 힌트에 민감해야
고급 정보를 얻는다

"**당**신이 만약 고급 정보를 알고 싶다면 어떻게 하겠는가?"

누군가 당신에게 이런 질문을 한다면 순간 당황스러울 것이다. 사실 고급 정보를 가지고 있다면 알려주지 않을 것이라 생각하는 사람이 대부분이기 때문이다. 하지만 성공하는 사람들은 대화를 통해 그 고급 정보를 직접적으로 언급하지는 않지만 은연중에 자신도 모르게 사소한 힌트를 던지는 경우가 많다.

힌트라는 것은 하늘에서 뚝 떨어지는 것이 아니다. 자신이 직접 움직이고 행동할 때 그 모습을 드러낸다. 지금 이 순간에도 자신에게 어떠한 방식의 긍정적 힌트들이 수없이 노출되고 있을지 모른다. 하지만 이 힌트를 어떠한 관점에서 느끼는가에 따라 내일의 인생이 180도로 바뀔 수도 있다.

중학교 때부터 독학으로 공부를 시작해 그래픽 프로그램의 불모지였던 시절, 제작에 참여해 실력을 쌓은 후 온라인 쇼핑몰 '싸다넷'을 직접 개발하여 운영한 임성준 대표는 2001년 (주)싸이퍼블릭을 창업하고 종합쇼핑몰 에스이파크를 오픈하여 국내 종합쇼핑몰 순위 10위까지 끌어올리기도 한 인물이다.

그는 그 이후에도 엄청난 호황을 누렸으나 갑작스런 일들이 겹쳐 결국 파산에 이르게 된다. 신용의 복구가 심각한 수준이어서 대출마저 불가능할 정도로 힘든 상황을 맞게 되었지만 그는 이 모든 일들을 비관적으로 생각하기보다 다시 일어설 준비를 하고 있었다. 그 당시는 천연비누가 유행하기 시작했던 때였다. 천연비누에 관심을 갖게 된 그의 아내가 직접 비누를 제작해 판매해 보면 어떨까, 하는 생각을 하게 되었고 그는 그런 아내를 보고 힌트를 얻어냈다. 온라인상의 판매라면 자신 있었던 그는 천연비누 판매에 힌트와 영감을 얻어 다시 재도약한 후 지금은 비누뿐만이 아니라 다양한 상품을 취급하여 판매하고 있으며, 다시 멋진 삶을 누리고 있는 중이다. 힘든 시기에 힘든 점에 집중한 것이 아니라 사소한 힌트를 얻기 위해 노력한 결과였다.

이처럼 힌트라는 것은 멀리에 있거나 보이지 않는 것이 아니다. 자신이 어떻게 생각하고 어떠한 관점으로 보는지에 따라 그것은 기회가 될 수도, 위기가 될 수도 있는 것이다.

항상 어떤 일들이 다가올지 모르는 영업인들에게서는 이러한 사소한 힌트는 무엇과도 바꿀 수 없는 가장 중요한 것이다. 물론 이러한 힌트를 발견하고 캐치하는 것은 사실상 쉽지 않은 일이다. 어느 정도 연륜도 필요할 뿐 아니라 다양한 분야의 사람을 만날 때 그 힌트를 재빠르게 잡아낼 수 있는 것이다. 이러한 스킬들은 직업을 불문하고 다양한 사람들을 만나다 보면 자연스럽게 그들이 원하는 것이 무엇인지를 알아낼 수 있게 된다.

이러한 힌트만큼 더 이상의 고급 정보는 없을 것이다. 예를 들어 어느 전자제품 매장에서 일을 한다고 가정할 때 손님이 들어오면서 자연스럽게 세탁기와 냉장고 있는 곳으로 걸어간다고 하자. 그렇다면 1차적으로 그 손님이 원하는 것은 세탁기와 냉장고가 가장 우선순위라는 것을 짐작할 수 있다. 그런 다음 물건에 대한 이야기보다는 그 고객에게 필요한 것을 자연스럽게 물어본 후 물 흐르듯 이야기를 이어나가야 한다. 예를 들어 젊은 고객이라면 "신혼이셔서 혼수가 필요하세요?"라든지, 연세가 든 고객이라면 "잔 고장 많이 없고 사용하기 쉬운 제품 찾으세요?"라면서 우선 말을 건넨 다음 그들의 이야기를 경청해 주고 풀어나가게 된다면 알고 싶지 않아도 고객이 '필요로 하는 힌트'들을 얻게 될 것이다.

고객이 원하는 힌트를 얻기 위해서는 다양한 방법들이 있지만 가장 실질적이고 영업 스킬에도 효과적으로 작용하는 힌트의 4가지 법칙이 있다.

1. 상대방의 행동을 주시하라.

4가지 법칙 중 가장 으뜸이라고 할 수 있는 행동패턴을 주시하는 것이다. 고객이 어디로 가는지 혹은 어떠한 자세를 취하고 있는지를 잘 분석해야 한다. 또한 그들의 표정 하나하나까지 파악하여 이야기를 하는 도중 지루해하거나 귀찮아하는 듯한 표정이나 말투가 느껴진다면 재빠르게 다른 화젯거리로 돌려 상대방을 보다 편안하게 대화할 수 있게 만들어야 한다.

2. 최대한 많이 들어라.

영업에서 많은 사람들이 실수하고 있는 것 중 하나는 자신이 고객보다 더 많은 이야기를 한다는 것이다. 물론 상품에 대해서라면 고객보다 많은 정보와 지식을 가지고 있기 때문에 자세한 설명을 위해 많은 이야기를 하는 것은 맞다. 하지만 이제는 고객이 상품 자체만 보고 구입하는 시대는 지나갔다. 지금은 판매자가 어떤 사람인지에 따라 그 상품의 신뢰를 구분하는 시대이다. 자신이 하고 싶은 이야기를 하기보다는 고객이 관심을 가질 만한 질문들을 많이 건네 보아라. 그리고 고객의 말에 적당한 리액션을 취하게 된다면 고객은 벌써 당신에게 구매할 확률이 매우 높아진다.

3. 다양한 화제와 정보로 그들의 친구가 되어라.

　성공하는 영업인들의 공통점은 지금 이시대의 핫이슈들을 모두 다 알고 있다고 해도 과언이 아니라는 것이다. 그들은 드라마, 정치, 경제 사회문제 등 툭 하면 바로 툭 하고 나올 정도로 많은 스토리들을 알고 있다. 물론 아주 깊고 디테일할 필요는 없다. 충분히 자신의 생각을 담은 이야기로 교류하고 공감할 수 있도록 편하게 만들어야 한다.

4. 지금 당장이 아닌, 앞을 내다봐라.

　자신의 이익에만 눈이 멀어 지금 당장 이 고객을 혹하게 하여 물건만 팔면 그만이라는 사람 또한 비일비재하다. 하지만 이러한 사람들의 영업 생명력은 6개월을 넘기기 힘들다는 것이다. 진정한 영업의 달인들은 한번 맺은 연은 끝까지 가지고 가기 때문에 그 고객이 2고객, 3고객을 만들어 주는 충성고객이 될 수 있다는 것을 명심해야 한다.

　이처럼 사소한 힌트는 우리가 알지도 못할 만큼 큰 영향을 끼치기도 한다. 지금부터라도 사소한 것에 귀를 기울이고 새로운 관점으로 보는 연습을 시작해야 한다. 세상을 다른 시점으로 보게 된다면 내가 그 고급 정보를 만들 수도 있다. 이제부터는 고급 정보의 선두주자가 되기를 빈다.

플랜 B가 있어야
실행력이 나온다

내가 생각하는 대로, 계획하는 대로 산다면 얼마나 행복하고 보다 더 나은 삶을 살 수 있을까? 하지만 인생은 항상 내가 생각한 대로 100% 이뤄지는 것이 아니다. 진시황제도 자신의 뜻대로 살지 못했고, 네로황제도 마찬가지였다. 언제나 엄청난 노력을 했음에도 불구하고 인생의 '변수'는 항상 찾아오기 마련이다. 변수는 피할 수 없는 존재다. 문제는 변수가 왔을 때 그것에 대응하고 행동하는 우리의 모습인 것이다.

"인생은 갑작스러움의 연속이다."

우리는 '갑작스럽다'는 말을 많이 하고 산다. 정말 '갑작스러운' 일들이 많이 일어나고 있기도 하다. 갑작스럽다는 말의 뜻을 살펴보면 '미처 생각할 겨를이 없이 급하게 일어난 데가 있다'는 말로 신이 아니고서야 미래에 어떠한 일들이 다가올지 모른다는 것이다.

대부분의 사람들은 제대로 된 계획과 목표를 가지고 살아가는 것보다는 바로 앞에 직면한 현실의 문제에 대해 고민하고 현실에 맞춰 살기에 급급하여 계획을 세울 틈이 없다. 하지만 그럼에도 불구하고 목적을 이루고 성공의 문 앞에 다가간 사람들의 행동에는 반드시 '계획*Plan*'이 있었다. 그 계획 또한 일반적인 사람들보다는 무척이나 정교하였으며, 갑작스러운 변수의 일들이 발생할 경우 또 다른 계획, '플랜 B'까지도 설정해 두었다는 것이다.

　그렇다면 플랜 B의 중요성에 대한 사례를 살펴보자. 미국의 보잉사와 프랑에 에어버스인더스트리사는 항공기 사업 분야에서 끊임없는 경쟁관계를 유지하고 있는 회사로 유명하다. 1990년 중반, 두 회사의 경영진들은 미래의 항공기 시장을 선점하기 위해 어떤 항공기를 제작할지에 대한 논의와 결정을 내려야 할 시점에 이르렀다. 그런데 이 두 회사는 각각 전혀 다른 계획과 가정을 세웠고, 결과 또한 극명하게 달랐다.

　에어버스인더스트리사는 미래의 항공기 시장은 '비용'이 가장 중요시 될 것으로 예측했다. 따라서 비용을 절감하기 위해서는 수송능력이 매우 중요한 역할을 할 것이라는 판단에 따라 800명이 탑승할 수 있는 A380이라는 초대형 여객기를 개발하기로 결정했다. 반면 미국의 보잉사는 '속도'에 초점을 맞추었고, 따라서 작고 빠른 비행기가 시장에서 선호될 것이라고 판단하여 음속에 가까운 마하 0.98의 속도를 내면서 연료소모는 기존 항공기와 비슷한 '소닉크루저'를 개발하기로 했다. 이후 9.11테러가 일어나면서 세계항공시장에는 엄청난 변화가 찾아오고, 엎친 데 덮친 격으로 원유가의 엄청난 상승이 초래되면서 세계 항공사들의 주요 관심사는 속도보다는 비용에 초점이 맞춰졌다. 이로 인해 10년 이상 속도에 초점을 맞춘 보잉사는 참패했고, 신 기종 개발이 중단되면서 그동안 투입된 엄청난 연구개발비는 물론 시장에서 일정기간 동안 밀려나는 치명적인 타격을 입는 결과를 초래했다. 그로 인해 에어버스가 보잉사를 리드하고 있는 실정이 되었으며, 플랜 B인 새로운 계획의 대안을 세우지 않은 보잉사는 당할 수밖에 없었다.

기업뿐 아니라 사람에게도 플랜 B는 무척이나 중요하다. 자신이 믿고 있던 것이 한 순간에 흔들리게 되면 지금까지 생각해오던 것들이 무너지면서 자괴감을 불러오기도 한다. 100세 시대를 눈앞에 둔 지금, 당신은 어떤 플랜 B를 세우고 있는가.

한 통계에 따르면 은퇴 후 필요한 비용은 최소 3~4억 원으로 나타났으며, 2010년에서 2015년 사이 은퇴자 수는 최대 53만 명으로, 그 수는 더욱 증가할 것이라고 내다보고 있다. 또한 노후 생활비는 월 평균 179.6만 원, 최소 생활비는 116.6만 원으로 나타났다.

설사 자신의 플랜이 잘 이뤄지고 있다고 하더라도 앞날을 예측할 수 없기 때문에 한편으로는 새로운 계획을 설정하고 움직여야

보다 더 빠르고 유연하게 대처할 수 있을 것이다.

그렇다면 성공적인 플랜 B의 전략에는 어떤 것들이 있을까?

1. 해야 하는 일과 하고 싶은 일

우리는 살면서 반드시 자신이 하고 싶은 일만 하며 살 수는 없다. 물론 엄청난 부를 축적했다면 가능할 수 있을지도 모르나 그것은 현실적으로도 경제적으로도 불가능한 일이다. 가장 행복한 사람은 자신이 하고 싶은 일을 하는 사람이라는 말이 있다. 하지만 하고 싶은 일을 하기 위해서는 '해야 하는 것'을 하고 살아야 한다. 반드시 '해야 하는 일'과 '하고 싶은 일'의 개념을 갖추어 움직여야 한다.

2. 빨리 발견하면 좋은 재능, '잘 할 수 있는 것'

사람은 자신이 잘하는 일에서 자신감을 얻고, 더 발전하고 싶어 한다. 물론 그 자신감이 반드시 성공을 보장하지는 않지만, 성공으로 다가가기 위한 힘을 불어넣어 주는 것은 사실이다. 지금까지 자신이 어떤 일을 잘하는지 모르고 단순히 세상에 맞춰 급급하게 살아 왔다면, 지금부터는 자신이 어떠한 일에 대해 흥미를 가지고, 잘 할 수 있는지에 대해 진지하게 고민해야 한다. 그러한 고민들은 자연스럽게 당신을 플랜 B의 길로 안내할 것이고 그것은 더욱 강력한 실행력을 가져다 줄 것이다.

3. 플랜 A에서의 강점을 플랜 B와 융화시켜라

자신의 계획이 실패하거나 뜻대로 잘 되지 않는다고 해서 좌절하거나 실망할 필요는 없다. 자신이 애초에 계획한 첫 번째 계획에서 힌트를 얻고 그 발판으로 더욱 나은 플랜 B의 계획을 설정하게 될 것이기 때문이다. 실패의 기억은 반드시 후에 삶의 경험으로 돌아오며, 성공의 기초는 실패에서부터 비롯된다는 것을 명심하고 플랜 A의 장점을 가져와 플랜 B에 적용시켜 더 발전된 계획으로 만들기를 바란다.

성공의 원천은 움직이는 '실행'에서 나오는 힘이라는 것을 명심하고 나를 움직이게 할 수 있는 계획을 찾아가기를 바란다. 성공은 멀리 있는 것이 아닌, 얼마나 오래 지속적으로 하는가에 따라 달려 있으며, 그로 인해 자신의 운명도 바뀌기 마련이다. 이제는 눈앞의 계획이 아닌, 플랜 B의 계획을 적극적으로 이용하여 발전된 삶을 보내기를 바란다.

넷.

후 안 흑 심
厚 顔 黑 心

거절의 당연함과
다시 들이대는 실행력

실패 앞에는
누구나 가슴쓰리다

누구나 살면서 실패를 경험한다. 작은 실패에서 도저히 감당하기조차 힘든 실패까지 인생의 곳곳에 숨어 성공의 발목을 잡는 경우가 있다. 실패를 경험하는 순간 제일 먼저 마음의 큰 상처를 입게 되고 깊은 좌절에 빠지기도 한다. 삶의 의욕마저 잃게 만들기도 한다. 그리고 자책한다.

"내 인생은 뜻대로 되는 것이 하나도 없어."

"내 주제에 뭘 하겠다고…."

온갖 푸념을 하며 자책을 하고 다시 원점으로 돌아가게 된다. 실패를 끝으로 본다면 절대 답은 얻을 수 없다. 비즈니스와 세일즈의 세계 역시 수많은 거절과 실패의 문들이 존재한다. 이것은 당연히 넘어야 하는 통과의례다. 뼈를 깎는 실패의 심리적인 고통을 뛰어넘어야 더욱 강력한 자신만의 병법이 완성되는 것이다.

실패를 끝이 아니라 새로운 도전, 시작이라고 생각하는 태도로의 전환이 필요하다. 움츠러들기보다 반전의 기회로 삼는 강한 태도만이 상황을 역전시키고 성공의 문을 여는 시초가 된다. 고객의 거부와 계약의 실패, 폐부를 찌르는 독한 말들을 견디며 끝까지 웃음을 잃지 않는 자만이 승리를 거머쥘 수 있는 세상이 바로 비즈니스와 세일즈의 세계다. 상황을 바라보는 관점을 바꾸면 실패는 자극제가 되고 새로운 도전의 실마리를 제공하기 시작한다.

단 한 번의 실패도 없이 사는 사람은 이 세상에 없다. 인간이라면 누구나 실패를 경험한다. 특히 야생의 정글과 같은 비즈니스와 세일즈의 세계는 더욱 그러하다. 사람들에게 받는 상처로만 본다면 다른 분야의 직종보다 몇 십 배는 강도가 높을 것이다. 이 세계에 발을 디딜 때 의욕에 넘쳐 기대를 안고 시작한 사람들이 몇 달이 채 되지 않아 이 세계를 떠나는 모습을 너무나 많이 보아왔다.

인격적인 모독을 느낄 만큼의 모멸감과 실패를 겪게 되면 사람은 누구나 내면에 큰 상처를 받게 된다. '내가 이렇게까지 하며 살아야 하나?'라는 생각이 들면서 그동안 갖고 있던 자부심과 자신감마저 잃게 되는 경우가 많다. 인간은 실패를 만났을 때 진정한 자신의 힘을 알게 된다고 한다. 자신이 긍정적이고 적극적이며 도전적인 사람인지, 아니면 부정적이고 소극적이며 나약한 사람인지 판가름이 난다는 뜻이다. 이 세계의 절대고수들도 처음부터 강력한 사람들은 아니었다. 그들은 수많은 시련과 실패, 모욕과 모멸감을 이기며 끝끝내 자신의 내면과 외면을 담금질했다. 그들은 실패를 실패로 인정하지 않았다. 자신이 목표한 바를 이루기 위한 수련기라고 여겼을 뿐이다.

모든 비즈니스는 사람, 즉 고객을 상대해야 한다. 특히 세일즈의 세계에서 고객의 거절은 당연히 넘어야 할 과제다. 몇 번 실패하고 모멸감을 느꼈다고 멘탈이 파괴된다면 더욱 독한 수련이 필요하다.

피가 튀는 야생의 정글과 같은 사각의 링 속에서 누군가는 승리자가 되고 또 누군가는 패배자가 되는 냉철한 승부의 세계, 삶과 죽음을 넘나든다는 복싱 경기에는 '럭키 펀치*Lucky Punch*'라는 말이 있다.

이런 럭키 펀치는 예상하지 않았음에도 불구하고 우연히 터진 승리의 펀치라는 의미로 불리기도 한다. 하지만 정말 우연히 터지는 럭키 펀치는 절대 존재하지 않는다고 복싱계의 전문가들은 말한다. 철저한 내공으로 무장한 복서의 마음가짐과 수련만이 럭키 펀치를 완성한다고 한다. 강철무쇠와 같은 주먹으로 스트레이트, 어퍼컷을 맞다보면 순간 정신을 잃기도 하고 죽음의 순간을 경험하기도 한다고 한다. 불의의 타격을 받고 그대로 지옥의 링 한가운데에 쓰러지게 되면 '이제 정말 끝이구나'라는 생각과 함께 자신감을 잃기 마련이다. 설사 다시 일어난다고 해도 이미 마

厚顔黑心

음의 전쟁에서 승리의 고지를 상대선수에게 빼앗겼기에 승부의 판을 뒤집을 수 없게 되는 것이다.

반면 소수의 복서들은 이러한 상황을 다르게 받아들인다. 날카롭고 독한 펀치를 맞고 숨이 멎을 것만 같은 고통 속에 링 바닥에 내던져지는 순간 그들은 이렇게 생각한다고 한다.

'나는 반드시 너를 이길 것이다.'

'나는 반드시 이 고통을 뛰어넘어 승리를 거머쥘 것이다.'

복싱 경기를 관람하고 있던 관중들은 이미 경기의 판이 끝났다고 여긴다. 과연 그럴까? 하지만 자신의 모든 것을 걸겠다고 각오하고 스스로를 다시 무장한 그 복서에게 아직 판은 끝나지 않은 것이다. 실패를 실패라 여기지 않는 강력한 정신력, 럭키 펀치는 바로 그 순간 이루어진다. 죽을 것 같은 벼랑 끝에서 말이다. 한 쪽 눈을 뜰 수도 없는 최악의 상황, 온몸은 만신창이가 되고 다리의 힘이 풀려 일어서기도 힘든 그 순간, 그를 지탱해 준 것은 바로 다시 들이대는 강한 정신력과 실행력이었다. 상대가 아무리 강해도, 상대가 아무리 독해도 그대로 포기하거나 좌절하지 않고 다시 또 다시 철저히 계획하고 들이대는 강한 정신력과 실행력이 럭키 펀치를 완성한다. 챔피언이 되고 싶다면 다시 들이대는 강한 정신력과 실행력을 키워야 하는 것이다.

'실패해보지 않고는 성공할 수 없다'라는 말이 있다. 세상에는 몇 번의 실패로 좌절하고 인생의 낙오자가 되는 사람들도 있다.

세상을 원망하고 남을 탓하며 자기혐오에 빠져 자신의 재능을 제대로 바라보고 믿어보지 못한 채 실패의 늪에서 헤어나오지 못하는 사람들이 있다. 자신의 운명을 전율시키고 싶다면, 운명의 노예로 살아가기를 거부한다면 실패의 당연함을 받아들이고 다시 들이대는 실행정신을 몸에 온전히 새겨 넣어야 한다.

유럽을 지배했던 로마인, 그들의 지배 안에 있던 한 민족이 있었다. 바로 갈리아인이다. 외형적으로 보나 힘으로 보나 갈리아인은 로마인들보다 월등히 키도 크고 강해보였다. 육식을 즐겨하며 덩치도 큰 만큼 힘이 센 그들은 어째서인지 키도 작고 왜소했던 로마인의 지배를 받았다. 당시의 전투방식은 칼과 창을 들고 몸을 던져 상대를 쓰러뜨리는 전투였다. 상식적으로 생각해도 당연히 로마인이 열세에 가까웠다. 하지만 좀 더 깊이 로마인과 갈리아인의 세계를 바라보면 답을 얻을 수 있다. 삶과 죽음을 넘나드는 치열하고 냉혹한 전쟁터에서 각 민족의 성향이 그대로 드러나기 때문이다.

갈리아인은 전세가 불리해지면 싸우던 전투를 포기하고 뿔뿔이 흩어지거나 살기 위해 도망치기에 바빴다. "이 전투는 이제 끝이야! 이 판은 완전 우리가 패배라고!" 반면 로마인은 전혀 달랐다고 한다. "차라리 목숨을 걸고 적의 칼에 맞아 죽을지언정 이 전투는 반드시 승리를 거머쥔다!" 로마인들은 자신들이 목표한 고지를 어떠한 상황 속에서도 끝까지 돌파하여 이겨냈다. 목숨의 건 승부는 실패를 뛰어넘어 반드시 승리를 깃발을 꽂는다. 도전이란 '다시 들이대는 실행력'이다.

누구나 실패 앞에서 냉정해지지 못하는 것이 사실이고, 몸에 베인 칼자국보다 마음에 베인 칼자국이 더욱 오래 남는 법이다. 우리가 사는 사회의 구조 역시 다르지 않다. 각 분야의 고수들, 마스터라고 불리는 소수의 성공자들, 그리고 다수의 비성공자들 (보통 사람들)이 존재하고 있다. 그들이 다른 점은 단 하나다. 재능이나 능력은 부차적인 요소다. 바로 '다시 들이대기'다. 미치도록 원하는 것을 이루기 위해 오직 한곳만을 바라보고 뛰어나가는, 반드시 돌파해 내고야 마는 다시 들이대는 실행력이다. 그들은 실패와 좌절을 성공의 자양분이라고 여기는 사람들이다.

보통의 사람들은 몇 번의 실패를 겪게 되면 '이 길은 내 길이 아닌가 보다', '난 이따위 대접을 받으려고 사는 게 아니야!', '정말 못해먹겠다'라고 체념하며 포기하는 경우가 많다. 하지만 세상에는 공짜가 없다. 성공을 원한다면 그만큼의 대가를 치러야 한다. 그 대가는 바로 산 경험이다. 그 경험은 바로 많은 시련과 실패 속에서 얻어진다. 실패란 그만큼 많은 도전을 했다는 증거다. 도전하지 않았다면 실패란 존재하지 않는다. 하지만 인생 또한 성장하지 못한 채 그 자리에 머물고 만다.

당신이 만약 사업을 하게 되거나 세일즈 영업을 하게 된다면 언젠가는 수많은 실패에 부딪치게 될 것이다. 그것은 누구나 겪

어야 하는 과정이다. 계약 직전에 취소되는 어처구니없는 상황
도, 당신 자신에게는 전혀 잘못이 없다고 하더라도 고객의 갑작
스러운 변심에 따라 좌절과 실패를 경험하게 되는 경우가 있을
것이다. '성공한 사람은 실패로부터 배우고 절대 뒤로 물러서지
않는다'라는 말이 있다. 실패에 대한 면역력이 생길수록 당신의
정신력은 더욱 더 강화될 것이다. 그것은 실패가 아니라 성공을
위한 백신주사라고 생각하라. 끝까지 물고 늘어지는 정신이 바로
들이대는 정신, 실행력이다.

　실패 앞에서는 누구나 가슴이 쓰리다. 하지만 쓰린 가슴을 바
라보고만 있으면 절대 답이 나오지 않는다. 거절은 당연하다. 다
시 들이대는 실행력으로 상황을 돌파하라.

거절의 당연함을
재정립하라

1932년, 한 아이에게 비극적인 일이 벌어졌다. 분만을 유도하던 산부인과 의사의 실수로 갓 태어난 아기의 뇌가 극심한 손상을 입게 된 것이다. 청천벽력처럼 내려진 진단은 부모에게 큰 절망을 안겨 주었다. 다른 아이들처럼 정상적으로 걷지도 못했으며 말을 하기도 어려운 육체를 가지고 평생을 살아가야 한다는 것이었다. 몸은 자신의 의지와는 전혀 상관없이 뒤틀어지고 말을 할 때에는 온힘을 주어야만 가능했다. 아이에게는 친구도 없었고, 주변 사람들도 그 아이에게 다가가지 않았다. 아이는 어느덧 소년에서 청년이 되었다.

"제발 저에게 기회를 주십시오. 단 한 번 만이라도 좋으니 기회를 주세요."

"당신 미친 거 아니에요? 정상적인 몸을 가진 사람도 아닌데 어떻게 세일즈를 하겠다는 거죠? 장애인들이 할 수 있는 다른 분야를 찾아보세요. 이곳은 당신이 생각하는 것만큼 그렇게 호락호락한 세계가 아니란 말입니다."

"그래도 전 반드시 할 수 있어요. 딱 한 번만이라도 좋으니 기회를 주세요."

"말투도 어눌하고 몸도 자신의 의지대로 자유롭게 움직일 수 없는 분이 고객을 상대로 물건을 판매하는 세일즈맨이 되겠다고요? 세상 사람들이 저희 회사를 욕할 겁니다! 몸도 불편한 사람을 판매원으로 내보냈다고 말이죠! 이제 나가 주세요!"

아무리 소리치고 또 소리쳤지만 결과는 같았다. 세상은 '몸이 불편한 장애인이 무엇을 할 수 있겠어?', '이미 정해진 운명대로 살아가는 게 전부야'라고 말하는 듯했다. 길거리 한복판으로 밀려난 그는 한참을 그곳에 서 있었다. 며칠이 지난 어느 날 그는 또 다른 회사를 찾아갔다. 면접의 결과는 똑같았다. 하지만 그는 지푸라기라도 붙잡는 심정으로 그 회사의 사장에게 이런 부탁을 하게 된다.

"회사에서 제일 판매가 저조한 지역을 저에게 주세요."

수십 번 거절을 했던 회사의 사장은 결국 그에게 손을 들고 말았다. 그의 근성과 끈질긴 노력에 감동을 받고 그를 채용한 것이다. 다양한 생활용품을 판매하고 취급하는 세일즈 회사인 왓킨스 사가 그의 첫 직장이 되었다. 어머니의 도움으로 판매가 가장 저

厚顔黑心

조한 지역으로 떠날 수 있게 된 그에게 본격적으로 세일즈가 시작되었다.

"저… 저는 생활용품을 판매하는 와… 왓킨스사의 지… 직원 빌 포터라고 합니다!"

벨소리에 문을 연 여자는 순간 기겁하고 말았다. 얼굴이 일그러지고 몸도 비틀어져 제대로 서있기도 힘들어 보이는 괴물 같은 남자가 서 있었던 것이다. "으악! 재수가 없으려니! 웬 미친 장애인이 우리 집에 온 거야!" 쾅! 하고 문이 닫히는 모습을 바라보며 세상이 무너지는 것 같았다.

"이 사람 뭐라는 거야? 똑바로 말해봐! 더듬지 말고! 누가 우리 집 벨을 눌렀나 했더니 당신이야? 집에서 쉬기나 하지, 온전치도 않은 몸을 가지고 판매 세일즈를 하고 다니다니 우리 집에서 당장 꺼져! 경찰 부르기 전에!" 온갖 수모와 모멸감, 그리고 좌절을 겪으면서도 그는 절대 포기하지 않았다.

건강한 사람들도 고객의 독설과 냉대를 받게 되면 정말 하기 어렵다는 세일즈 영업의 세계에 뛰어든 뇌성마비 장애인 빌 포터. 최악의 조건에서도 그는 절대 포기하지 않았다.

'거절은 당연한 거야! 나라도 고객이라면 내 이상한 모습을 처음 보았을 때 경악했을거야! 당연해!'

얼굴에 흘러내리는 눈물을 닦으며 그는 스스로를 다독였다. 어떤 날은 그의 가방을 집어던지는 사람도 있었고 입에 담지 못할 폭언과 멸시를 당해야 하는 날도 있었다. 하지만 그는 스스로를 재정립했다. '거절은 당연한 거야! 문제는 내가 그것을 어떻게 받아들이는가 하는 내 마음이지!' 그 후로도 수백 번을 같은 고객들을 방문하며 그는 온 정성을 다해 상품의 장점을 설명했다. "와! 이 사람 정말 끈질기고 대단한 양반이군. 그래요. 내 구입할게요! 상품보다 당신의 열정에 감동받았기 때문이라오." 사람들은 점점 그에게 마음을 열기 시작했다. 그는 최악의 상황에서도 자신의 환경을 탓하지 않았다. 불굴의 의지로 자신이 간절히 원하는 꿈을 성취해 나간 것이다.

마침내 그는 '세일즈의 왕'으로 등극했다. 그 누구도 예상하지 못했던 결과를 빌 포터는 자신의 손으로, 자신의 의지로 성취한 것이다. 그는 단상 위에 올라 이렇게 말했다.

"저는 몸이 불편했지만 반드시 해낼 수 있다는 믿음이 있었습니다. 그 믿음을 주신 분이 바로 저의 어머니이십니다. 저는 제 몸도 제대로 가누지 못할 정도의 장애인입니다. 말도 어눌하고 스스로 옷도 신발 끈 하나도 제대로 반듯하게 묶을 수 없죠. 하지만 정말 하고 싶은 일이 있었습니다. 그래서 계속해서 도전했고 벨을 눌렀습니다. 수많은 욕을 먹고 냉대를 받았죠. 그래도 포기하지 않았습니다. 하고 싶은 일이 있었으니까요. 신발 끈을 묶는 일도 옷을 입는 일도 보통 사람들보다 많이 느립니다. 걷는

넷
厚顔黑心

일도 마찬가지죠. 그래서 저는 남들보다 더욱 일찍 일어났고 더욱 벨을 누르며 노력했습니다. 남들과 다른 모습이기에 더욱 더 참고 견디는 힘이 생겼죠. 여러분들도 해낼 수 있습니다. 반드시 꿈을 이룰 수 있습니다."

그의 스토리는 영화 《도어 투 도어(Door to Door)》로 소개되어 많은 사람에게 감동을 주었다. 빌 포터는 단순한 영업 사원이 아니었다. 마을 소식을 전하고 마을 아이들이 크는 것을 지켜보고 남녀의 재혼을 주선해 주기도 하는 등 마을 사람들을 연결해 주는 매개체였다. 이 모든 건 그가 거절을 이겨냈기 때문이다.

세상의 모든 일들에는 공통점이 있다. 바로 사람은 시련을 통해 변화한다는 것이다. 성공은 시련이라는 자양분을 먹고 피어나는 아름다운 꽃이다. 수많은 거절을 당하다 보면 힘에 부칠 때도, 심한 상처를 받을 때도 있다. 이 시점이 중요하다. 고객의 심한 거절에도 절대 포기하지 않는 정신, 거절의 당연함을 받아들이고 그 시련을 극복해 나가는 끈질긴 실행력이 당신의 모든 운명을 변화시켜 줄 것이다.

누구나 최고가 되고 싶어 하지만 누구나 최고가 될 수는 없다. 아픔을 이기고 시련을 뛰어넘고 거절의 벽을 돌파했을 때 인생은 진화한다. 성공의 씨앗은 모질고 질긴 시련과 역경의 주머니 속에 담겨 있다. 고객의 거절과 독설과 냉대를 재구성하여 긍정적

이고 발전적인 모습으로 재해색한다면 당신 역시 세일즈의 신화
빌 포터와 같은 거장이 될 것이다.

상대방의 생각을
마음껏 디자인 한다

바둑기사 조훈현 구단이 쓴 인생을 바둑판에 비유한 《고수의 생각법》을 보면 세상은 거대한 바둑판과 같으며 그 안에서 누군가는 승리를 거머쥐고 또 누군가는 패배의 쓴잔을 마시게 된다는 것을 깨닫는다. 비즈니스와 세일즈의 세계 역시 리얼한 승부의 세계다. 독한 거절에 쓰러지지 않는 강력한 정신력과 끝장을 보겠다는 실행력이 뒷받침 되었을 때 게임의 페이스를 온전히 주도하게 된다. 상대가 무엇을 원하고 있는지, 무엇을 제공해 줄 때 고객이 만족하는지, 상품을 제안하는 제공자 또한 만족하는지, 모두에게 만족을 주는 전략인지 철저히 계획하고 준비해야 하는 것이다.

NLP 행동심리학은 사람에게 공통된 심리적인 특징과 행동이 있다는 사실을 밝혀냈다. 일반 사람들이 흔히 지나치거나, 혹은 당연히 받아들이는 행동들에는 그 원인이 있으며 그에 따른 공통된 행동의 특성이 있다는 것이다. 상대방의 마음속을 깊이 파고 들어 그들이 무엇을 원하고 있는지 파악하기 위해서는 상대가 지금 무엇을 생각하고 있는지 어떤 마음인지를 간파하는 고도의 훈련이 반드시 필요하다. 한마디로 상대방의 패를 읽어내고 패를 장악하는 능력을 키워야 한다는 말이다.

"고객의 불만이나 이런 저런 이야기를 끈기 있게 경청하면 어느 순간 그들이 요구하는 것이 무엇인지 알게 됩니다. 질문과 메모를 통해 대화를 나누다 보면 고객이 원하는 핵심을 짚어주게 되고 그만큼 성공 비율이 높아지게 되는 거죠."

"세일즈란 고객의 말을 주의 깊게 귀 기울여 듣고 그들의 생각을 간파하고 알맞게 재구성하여 제안하는 것이 관건입니다. 고객이 거절할 때도 그 입장을 이해하고 불만을 해소하고 해결하기 위해 노력하는 것이 성공의 열쇠입니다."

모 자동차 세일즈 판매왕 K 과장의 말이다. 상대방의 생각을 간파하고 거절을 뛰어넘는 지략을 그는 정확히 알고 있다. 그것은 바로 경청이다. 고객의 말을 한순간도 놓치지 않고 주의 깊게 듣고 이를 재구성하여 그들이 무엇을 원하고 있고 어떤 부분의 해결을 원하는지 파악하여 다시 들이대는 실행력을 말하고 있다.

세일즈의 달인들은 말을 잘하는 사람들로 알려져 있지만 진정한 마스터들은 바로 경청의 달인들이다.

"고객의 이야기를 한순간도 빠짐없이 주의 깊게 듣고 메모하다 보면 유용한 정보를 얻을 수 있죠. 현재 그들의 상태를 정확히 파악할 수 있다는 것입니다. 그들이 처한 환경적인 문제, 재정적인 문제, 욕구들을 알게 되면 보다 낮은 니즈(욕구)를 채워줄 수 있는 기회를 잡을 수 있습니다. 처음부터 이 상품이 정말 좋으니 구매하세요! 라고 말하는 세일즈 마스터는 없습니다. 그렇게 이야기하는 사람은 초보죠. 고객은 그 말에 절대 반응하지 않거든요. 고객의 말을 끝까지 들어줘야 문제의 답이 나오기 시작합니다. 처음 거절의 의사를 내보인다 하더라도 최대한 많이 경청하면서 어떤 이유에서 거절하고 있는지 그 정확한 원인을 파악하는 훈련을 해야 한다는 말입니다."

"설득이 아닌 경청을 통해 상대의 생각과 마음 안으로 파고 들 수 있는 강력한 힘이 생기는 것입니다. 경청을 할 때 가장 중요한 것은 '진심이 담긴 경청'이어야 한다는 것입니다. 상대도 자신의 말을 듣고 있는 세일즈 마스터의 태도를 바라보고 느끼고 있다는 사실을 알고 있어야 합니다."

세일즈 고수들은 자신이 고객에게 말하고 싶은 제안을 장황하게 늘어놓는 실수를 하지 않는다. 그들은 말을 줄이고 상대의 말을 주의 깊고 듣고 예리하게 파악한다. 그 짧은 순간 상대방의 생각과 마음속으로 들어가 분석하고 연구하기 시작하는 것이다. 거절의 원인, 문제의 핵심을 정확히 파악하고 잡아내는 순간 고객을 위한 해결책, 결정적인 한마디가 정리된다고 한다. 핵심을 찌르는 한방! 그 결정적인 한마디를 고객에게 건네면 계약은 성사되고 고객과 세일즈 마스터 모두 윈-윈 하는 만족스러운 결과를 만들어낸다.

그 중심에는 고객의 생각과 마음의 문을 열고 들어가는 경청이라는 최고의 태도가 작용하고 있는 것이다. 언변이 좋은 사람들은 입에 발린 미사여구를 잘 늘어놓는다. 하지만 그보다 중요한 것은 경청과 진정성이다. 상대의 생각과 마음이 담긴 말을 진정성 있게 들으려는 훈련을 하면 그 안에 담긴 정확한 포인트를 잡아낼 수 있다. 보통 사람들은 자신의 생각과 말을 배설하는 것을 주의 깊게 듣는 것보다 좋아한다. 그래서 상대의 눈을 맞추고 공감하는 능력이 필요하다.

세일즈 마스터 중에는 고객의 거절의사를 기록한 노트를 가지고 다니는 사람들도 있다고 한다. 그들은 고객에게 거절을 당한 이유, 원인분석에 대한 객관적인 평가를 스스로 하며 고객에게 감사의 편지를 보내기도 하고 다시 꾸준히 연락하고 문제해결에 집중한다고 한다. 직업적인 특성 때문이라고 해도 누군가에게

넷
厚顔黑心

심한 거절을 당하고 나면 인격적인 상처를 받게 되는 것이 당연하다. 하지만 고수들은 이 단계를 뛰어 넘는다. 이렇게 꾸준함과 성실한 실행력이 그들을 마스터의 자리에 올라서게 하는 것이다. 바로 몇 개월 뒤 심한 거절을 했던 사람들도 충성고객으로 바꾸어 놓는다. 이것이 실행력의 힘이다.

세계적인 미래학자 다니엘 핑크는 그의 저서 《파는 것이 인간이다》에서 인간은 이 세상에 태어나는 바로 그 순간부터 자신의 무언가를 판매하기 시작한다고 했다. 미래는 세상의 모든 사람들이 세일즈를 하는 시대가 도래할 것이라고 말했다. 새로운 세상에서 인간에게 요구되는 자질이 바로 세일즈의 능력이라는 것이다. 자신의 정보, 지식, 아이디어, 기술 등을 시대의 변화와 흐름에 맞추어 재가공하고 상품화하여 판매하는 기술과 능력을 키워야만 한다고 이야기하고 있다.

지금 시대를 가리켜 누군가는 '상인의 시대'라고도 했다. 자신의 능력을 팔고 그에 맞는 대가를 받아내는 전략의 시대라는 뜻이다. 20대의 청춘은 청춘의 열정을 팔아야 하고 30~40대는 직장의 경험을 재가공하여 자신의 노하우와 능력을 팔아야 한다. 그만큼 시간의 조공을 들이고 쌓은 내공(노하우와 정보, 세일즈 능력)이 있어야 한다는 말이다.

이 시대는 한마디로 치열한 '세일즈의 시대'다. 스토리와 정보에 능하고 이것을 재가공하여 상품화하는 능력, 상품화시킨 자신의 무기를 세상에 나가 판매하는 세일즈의 기술이 절대적으로 필요하다. 세계적인 세일즈 마스터 브라이언 트레이시 역시 경청의 힘에 대해 이야기했다.

상대의 생각과 마음을 마음껏 디자인하기 위해서는 한순간도 촉을 늦추어서는 안 된다. 촉을 세우고 그의 이야기를 이미지화하여 들었을 때 정확한 문제의 답을 찾을 수 있다.

북아메리카에는 이로코이 족이라는 인디언이 산다. 그들에게는 '토킹 스틱*Talkig Stick*'이라는 회의가 있다고 한다. 독수리 모양의 지팡이를 가진 사람만이 회의의 발언을 할 수 있는 의식으로, 그가 이야기를 하는 동안 그 어떤 사람도 이야기에 끼어들 수 없다고 한다. 발언자의 이야기와 뜻이 회의에 참석한 사람들에게 정확하게 전달이 되고 이해되었는지 재차 확인을 한 후에 다음 사람에게 전해지는 과정을 통한다고 한다. 이와 같은 토킹 스틱은 부정적인 감정과 논쟁을 피하고 창의적인 아이디어를 만들어 내는 힘을 가지고 있다.

사람들은 본능적으로 이야기를 쏟아내는 것을 즐긴다. 다른 사람들의 말을 듣는 것에 관심이 없다. 하지만 관점을 달리해 보면 그만큼 다른 사람들의 말을 주의 깊게 듣는 소수의 사람들이 회의를 주도해나가고 이끌어나가는 사람이라는 사실을 알 수 있다. 90% 이상의 사람들이 말을 쏟아내기를 좋아한다는 것은 그만큼 상대의 말을 경청하고 들어주는 이가 없다는 뜻이기도 하기 때문

넷
厚顔黑心

이다. 잘 듣고 이해하고 그에 맞는 해결책을 제시해 주는 것만으로도 '문제해결사'의 강력한 힘을 가질 수 있다는 것이다.

상대의 생각을 간파하고 욕구를 만족시켜주는 최고의 필살기는 자세히 듣고 분석하는 힘, 바로 경청이다.

흑심,
하지만 긍정적 흑심

인간이라면 누구나 욕망을 가지고 있다. 남들보다 더욱 뛰어나고 더 많은 것을 성취하고 싶은 욕망, 땅 속 깊이 박혀 있던 나무의 씨앗이 거대한 뿌리를 내리고 이글거리는 태양을 향해 하늘 높이 오르고 성장하려는 욕망이 바로 그것이다. 나는 흑심을 긍정적인 성취 욕망으로 비유하고자 한다.

현대 경영학의 대가 구루 필립 코틀러는 '고객의 니즈를 간파하고 정확히 이해하는 것은 모든 마케팅의 출발점이다'라고 했다. 고객의 마음은 복잡하고 미묘하다. 말과 행동이 전혀 다를 수도 있고 순식간에 변하기도 한다.

"전 원하는 게 없는데요? 당장 필요하지 않아서요."

이런 고객 역시 존재한다. 세일즈란 고객의 마음과 생각이 어느 곳을 향해 있는지 간파하는 일이고 고민하는 직업이다. 상대가 원하는 것을 간파하는 힘을 가져야만 성공할 수 있는 세계다.

로버트 그린의 저서《유혹의 기술》에서처럼 거절에는 당연한 이유가 있고 그 정확한 원인을 분석하고 연구해야만 다시 들이댈 수 있는 실행의 전략이 계획된다. 지금 이 시대는 창조경영, 감성의 시대라고 말한다. 감성을 울리는 전략이 있어야 실행의 성과를 올릴 수 있다.

숨은 고수로 소문난 J 대표의 말을 새겨보자.

"자력을 키워야 한다고 생각해요. 사람을 자석으로 바라보는 거죠. 왜 자석 주변에는 쇠붙이들이 모여들잖아요. 그만큼 자석은 자력의 힘이 강해야만 좋은 쇠붙이들이 모여들죠. 왜 내게는 사람들이 모여들지 않지? 고객들은 도대체 어디 있는 거야? 하는 푸념보다 적극적으로 실행하며 자신의 자력을 키우는 것이 훨씬 낫다고 생각합니다. 다방면의 다양한 고객들을 가진 세일즈 마스터들은 최대 10년 이상의 꾸준한 노력과 투자, 실행력을 통해 자신의 영역을 만든 사람들이라는 겁니다. 이 분야의 고수가 되기 위해서는 그만큼의 독한 거절과 실패를 뛰어넘는 실행력이 필요하죠."

자기경영의 대가 공병호 박사의 저서《명품인생을 만드는 10년의 법칙》을 보면 단기간에 이루어지는 비즈니스에서는 성과가 없다고 한다. 끈질긴 노력과 도전, 실패와 좌절의 벽을 돌파한 실행력이 내공이 되어 명품인생을 완성한다고 정의하고 있다. 꾸준한 실행력이 모든 것을 말해준다. 조금 손해보고 힘들더라도 쓰러지지 않고 어떻게든 전진하는 태도가 모든 결과를 결정한다고 말한다.

미국의 최고의 세일즈맨이라고 불리는 조지 브라운은 성공하기 위해서는 하루 5통 이상의 편지를 고객에게 쓰라는 제안을 한다. 비즈니스는 고객과의 소통, 즉 커뮤니케이션의 플랫폼 안에 있다는 말과 같다. 소통하는 사람은 성공하고 소통하지 못하는 사람은 퇴보하고 마는 것이 바로 이 세계다. 그는 고객을 위해 그들을 전담하는 5명의 관리직원을 두고 있다. 그는 오전 7시에 출근해 9시까지 고객을 위해 일일이 손 편지를 쓴다. 그가 전하고 있는 성공의 비결은 매우 단순하다. "저는 하루에 적어도 5명의 고객에게 자필로 편지를 쓰고 있습니다. 마음이 담겨 있는 글과 형식적인 글은 분명 고객이 보아도 느껴지지 않겠습니까?" 그만큼의 정성과 노력이 성공의 단초를 마련해 준 것이다. 고객은 감동하고 그 감동이 또 다른 고객에게 전해져 부메랑이 되어 자신에게 돌아오는 원리를 그는 정확히 간파하고 있는 것이다. 그에 성취감과 기쁨, 보람도 함께 말이다.

인생을 길게 보는 안목이 필요하다. 비즈니스와 세일즈, 인생 역시 다르지 않다. 흑심, 즉 야망 없이는 어떠한 길도 성공의 경로에 다다를 수 없다. 하지만 단기적인 성과와 안목으로 접근하면 수많은 거절 앞에 좌절을 겪기도 한다. 하지만 진정성이 있는 노력, 실행력이 모든 결과의 패를 뒤집는 역할을 해줄 것이다.

누구나 거절을 당하게 되면 자존감이 무너지거나 자신감을 잃어버리는 것은 당연하다. 이런 마음을 뒤집는 것이 바로 긍정적인 흑심이다. 거절에 무너지지 않는 자신감의 시작은 긍정적 흑심에서 비롯된다고 해도 과언이 아니다. 야망이 없다면 본 게임에서 패를 거머쥘 수 없다. 그만큼 야망은 절대적으로 필요한 에너지다. 그것은 강력한 자력이고 결정적인 상황들을 끌어들이는 힘이다. 고객과의 심리 전쟁에서 무너지면 그것으로 게임은 막을 내리게 된다. 흑심은 반드시 필요하다. 하지만 고객을 위한 긍정적인 흑심이어야만 좋은 결말과 성과를 가져온다는 것을 잊어서는 안 된다.

단기적인 관점으로 성과에 급급해 하는 사람들이 많다. 사람을 물건이나 성과물로 바라보고 대하기 시작하면 얼마 지나지 않아 상대방 역시 이를 알아차리기 마련이다. "이 사람이 나를 물건으로 취급하고 있구나!"라는 생각을 갖는 순간 인간관계는 물론 비즈니스나 세일즈의 관계에서도 끝을 맺게 된다. 이는 세일즈 초보에게 나타나는 결정적인 실수로, 우리의 인생 역시 마찬가지다. 진정성이 있는 관계에서 피어나는 꽃은 강하고 오래간다. 하지만 빨리 피우기 위해 사용하지 말아야 할 약을 쓰거나 편법을 쓰는 동시에 그 관계는 오래가지 못한다. 흑심은 필요하지만 고객의 이익이나 발전을 위한 긍정적이고 비전이 담긴 흑심이 필요하다. 모두가 함께 만족하고 성장하는 윈-윈의 흑심이 더 좋은 결과를 만들어내는 것이다.

나는 흑심을 좋은 면에서 바라본다. 그것은 열망이자 야망, 바로 열정의 산물이기 때문이다. 흑심이란 자신이 목표한 바를 이루고자 하는 간절한 열망이라고 여긴다. 그것에 긍정적인 방향이 더해진다면 모두에게 발전적인 결과를 가져온다고 믿는 사람이다. 인생의 욕심과 목표가 없다면 성장은 이루어지지 않을 것이다. 갖고자 하고 이루고자 하는 마음, 즉 열망이 없는 사람에게 오늘을 열심히 살고자 하는 마음이 있을 수 있겠는가? 오늘을 두근거리는 마음으로 살 수 있다는 것은 이루고자 하는 열정과 욕심이 있다는 말이다. 무기력한 인생을 살지 않기를 바란다면 '긍정적인 흑심'을 가져야 한다.

세일즈의 세계에는 숱한 거절과 상처가 존재한다. 거절은 세일즈 마스터가 반드시 겪어나가야 하는 과정이다. 인격적인 상처와 자존심에 상처를 받게 되면 그 누가 다시 그 일을 할 수 있겠는가? 그만큼 상처도, 인격적인 모욕도 많이 받는 분야가 바로 이 세계다. 당신의 세계도 다르지 않을 것이다. 직장인이라면 회사라는 조직에서, 학생이라면 학교라는 울타리 안에서 이러한 경우를 만나게 된다. 바로 이때 필요한 것이 목표, 즉 흑심이다.

"나는 반드시 이것을 이루어내고야 만다!"라는 강력한 흑심이 당신에게 다시 일어설 수 있는 에너지로 작용할 것이다. 세상 사람들은 욕심을 가져서는 안 된다고 말한다. 하지만 욕심이 없는 사람은 그 어디에도 없다. 이 세상의 모든 자연은 성장하려는 욕심과 열망을 통해 진화한다. 당신이 정확히 원하는 목표에 도착하기 위한 철저한 계획 안에 긍정적인 흑심이 있어야 한다는 것이다. 달성하고자 하는 목표량이 바로 흑심이다. '이 프로젝트는 반드시 내가 성공하겠어!', '이 계약은 반드시 내가 어떻게든 따내겠어!' 하는 강렬한 흑심이 결과를 이루고 만들어 낸다.

우회로
다시 들이댄다

장밋빛 미래, 누구나 원하는 꿈이다. 생각만 해도 기분이 좋아지는 상상, 하지만 실행이라는 강력한 도구가 없이는 절대 이루어지지 않는 꿈이다. 마음속에 그리는 상상은 반드시 실행이라는 다리가 있어야만 가능하다. 비즈니스나 세일즈 세계에서도 마찬가지다. 성취달성의 목표를 거창하게 설정해 놓았다 하더라도 직접 발로 뛰는 실행력이 뒷받침되지 않는다면 공허한 몽상이 될 뿐이다. 일상이 거절인 현장영업에서 만나게 되는 고객의 성향을 충분히 간파하고 설계에 들어갔다 치더라도 예상치 못한 벽에 부딪히는 경우가 종종 있다.

고객의 이야기를 듣고 무엇이 모두에게 윈-윈 하는 선택인지 결정이 내려졌는데도 불구하고 최종결정에서 실패로 끝나버리는 경우가 발생하기도 한다. 예상치 못한 변수에 대비하는 또 하나의 플랜을 항상 준비하고 있어야 한다는 말이다.

심리학자 찰스 리처드 스나이더는 자신이 원하는 바를 반드시 성취하고자 하는 사람일수록 목표를 달성할 수 있는 구체적인 방법을 찾아낼 수 있다고 한다. 강력한 믿음이 있을 때 이를 실천하는 실행력이 더욱 강해진다는 것이 실험을 통해 확인되었다. 자신이 원하는 목표 지점에 이르는 명확한 경로를 찾아낼 수 있다고 확고하게 믿는 사람들은 '내가 원하는 목표 달성을 위해 남들과는 다른 새로운 방법을 반드시 찾아 낼 수 있어!'라고 철저하게 믿기 때문에 그렇지 못한 사람들에 비해 자신의 목표 지점을 더욱 더 높게 잡는다고 한다. 그들은 한 가지 방법이 실패했을 때는 또 다른 새로운 방법과 대안을 찾고 계획하고 실행하면 된다고 생각하기 때문에 실패해도 쉽사리 포기하거나 좌절하지 않는다. 자신이 정한 목표 달성 지점을 명확히 정하고 그 지점에 도착할 수 있는 방법 역시 달라질 수 있다고 믿고 있기 때문에 다양한 방식의 달성 방법을 찾아낸다고 한다.

그는 자신이 원하는 것을 무작정 앉아서 상상만 하는 안이한 생각보다는 성공과 목표 지점으로 이어지는 정확한 경로(로드맵)를 찾아내고 설정하며 그 안에서 만날 수 있는 다양한 문제들을 예상하고 대비책을 세울 수 있어야 한다고 조언한다.

실행력이 강한 사람들은 낙천적인 생각과 냉철한 생각을 동시에 하는 성향이 있기 때문에 더욱더 강점이 된다. 그는 이를 '양면적인 사고Double Think'라고 이야기하는데 자신이 원하는 목표가 있고, 그것을 반드시 성취하고 싶다면 양면적인 사고를 할 수 있어야 한다고 조언한다.

1. 최고의 목표를 이룬 상태, 미래의 자신의 모습을 구체적으로 생생하게 상상하고, 그 지점에 도착했을 때 얻게 되는 최상의 이득을 최대한 찾아내고 설정한다는 것이다.
2. 목표 지점으로 향하는 과정에서 만나게 되는 역경과 난관, 돌발적인 상황도 미리 예상하여 계획하고 이를 대비하는 플랜을 짜놓는다.
3. 앞으로 닥칠 여러 가지 문제에 대해 효율적으로 대비하고 대처할 수 있는 만반의 대비책을 마련하는 사람들이라고 이야기한다.

비즈니스와 세일즈 세계도 이와 다르지 않다. 고객을 만나거나 비즈니스를 펼쳐나갈 때에도 예측불허의 상황을 미리 예상하고 그에 맞는 플랜 B를 설정해 놓지 않으면 당황하거나 좌절을 하게 되는 경우가 많다.

세일즈의 세계뿐만 아니라 그 어떤 분야에서도 고수들은 언제나 어디서든 고객의 거절을 예상한다. 그리고 이에 대한 대비책, 플랜 B를 마련한 후 만남을 갖는다. 처음 미팅에서 의견이 받아들여지지 않거나 거절당했을 경우 즉시 제시할 수 있는 제2, 제3의 대안을 미리 준비하고 계획한다. 각 분야의 성공한 고수들은 자신의 의견이 단 한 번에 받아들여질 거라고는 기대하거나 상상하지도 않는다. 반대로 어느 분야에서든 계속하여 실패하는 사람들의 공통된 특징은 자신의 의견이나 제안이 고객들에게 받아들여지지 않을 경우를 미리 예측하고 준비하지 못하는 경우가 많은 것이 사실이다.

거절당하는 것은 누구나 두렵고 견디기 힘든 일이다. 심리적인 패배는 결과 역시 패배로 끝을 맺는다. 고객에게 심한 인격적인 공격을 받고 무시당할 수 있는 수십, 수백 가지 예측상황을 준비하고 그 상황에 흥분하지 않고 부드럽게 대응할 수 있는 대비책인 플랜 B를 만들어야 한다. 그래야 자신이 목표한 승리의 고지에 다다를 수 있는 것이다.

일차적으로 준비했던 계획이 어긋났을 때나 거절을 당했을 때 곧바로 다음 대비책인 플랜 B가 가동된다면 중간에 포기하거나 실패할 확률은 줄어든다. 무례한 고객은 어느 분야에든 반드시 있기 마련이다. 이를 예상하고 대처하는 방법은 분명히 마련할 수 있다. 상대의 반응을 예상하고 거절할 때의 대비책 또한 미리 준비할 수 있다는 것을 명심해야 한다.

고객의 거절을 우회로 다시 들이대야 한다. 이 방법이 아니면 저 방법으로 들이대는 정신이 강력한 실행력을 만들어 낸다. '이 방법이 안 되니 저 방법이 되겠어? 포기하자. 내 주제에 뭘 하겠다고…'라는 생각이 든 적이 없었는가? 사람이라면 누구나 거절 앞에서 한 번쯤 이런 생각을 갖게 된다. 성공의 방법은 수천 수만 가지다. 단지 좌절의 상처로 생각과 마음의 문이 잠시 닫혀 방향을 잡지 못하고 있다는 사실을 기억하라.

바둑으로 예를 들어보자. 상대의 포석이 자신의 모든 문을 닫고 있다고 생각하는 순간에도 길은 반드시 있다. 단지 길이 없을 것이라고 생각하고 단정 지었기 때문에 길이 보이지 않는 것뿐이다. 묘수를 끊임없이 생각하는 사람은 반드시 길을 만들어 낸다. 포기하는 순간 모든 기회의 문은 닫힌다. 하지만 끈질기게 붙잡고 길을 열고자 하는 사람에게는 전혀 새로운 묘안과 길이 열리기 시작한다. 사람이라면 누구나 쓰디쓴 실패를 경험한다. 이 세상 사람들 중 실패를 경험해 보지 않는 사람은 없을 것이다. 포기하느냐 밀어붙이느냐의 결정권자는 바로 당신이다.

세일즈를 하는 데 있어서 입체적인 사고와 입체적인 시각을 가져야 한다. 한 방향에서 고객을 바라본다면 고객의 다른 면을 파악할 수 없을 것이다. 그만큼 상황의 변수가 닥쳤을 때 순발력 있게 대처하기도 매우 어려울 것이다. 완벽한 결과를 완성하기 위해서는 미리 철저한 준비와 노력이 필요하다. 요소요소에 도사리고 있는 변수에 부드럽게 대응하기 위해서는 여러 가지 대안을 미리 준비하고 있어야 한다. 당신의 비즈니스나 인생에서 변수는

넷
厚顔黑心

늘 존재할 것이다. 그 변수를 미리 생각하고 대안을 마련하고 있지 않다면 더 큰 실패를 맛보게 될 것이다. 좌가 아니면 우로 달려드는 전략이 필요한 것이다. 순간적인 순발력을 평소에 키우는 훈련을 하라. 그것이 당신의 성공을 가져다 줄 것이다.

159 ──── 넷
厚顔黑心

다섯.

기 정
棄 井

논리와 통계가 반대하면
경험과 직감을 믿어라

경험과 직감을
믿어야 할 때가 있다

사업을 시작하는 사람에게 아이디어를 얻는 방법은 크게 두 가지가 있다. 하나는 논리적 판단이고 하나는 경험과 직관의 판단이다. 하지만 어느 것이 좋은 아이디어라고 말할 수는 없다. 실행력에 있어 논리에만 의존한다면 많은 제약이 따를 것이다. 우리 주변에 논리적인 데이터를 바탕으로 불가능하다는 반대의 소리를 듣다가 직관에 의존해서 사업 시행 후 성공한 사람들의 이야기는 많이 접할 수 있다. 세일즈에서도 거질하는 고객을 상대할 때 논리적으로 접근하기보다 경험과 직관을 믿고 행동할 때가 많다.

교육의 기회가 있을 때마다 후배들에게 "고객과는 논쟁하지 마라"는 조언을 한다. 세일즈의 세계에서는 고객과 논리적인 싸움을 하기 시작하는 순간 백이면 백 실패로 끝나고 만다. 나 역시 수많은 시행착오를 통해 이 단순한 사실을 깨달았다.

"이 통계와 데이터를 보시면 고객님의 생각이 틀렸다는 사실을 아시게 될 겁니다."

"고객님께서 그동안 잘못 알고 계신 거예요. 이 데이터를 보시면… 제 말씀을 들으시면…."

절대로 이와 같은 말들은 좋은 결과를 가져오지 못한다. 당신의 비즈니스 세계에도 마찬가지다. 사람은 이성보다는 감정이 앞서는 사고체계를 가지고 있다. 아무리 정확한 사례와 논리, 데이터를 가지고 설득해 봐도 결과는 언제나 같다. 무한반복의 거절뿐일 것이다. 고객은 겉으로는 웃고 있지만 '저 인간이 나를 뭘로 보는 거야?'라는 불쾌감을 갖게 될 뿐이다.

온통 논리로 풀어버린다면 "제가 고객님보다 더 똑똑하니 제 말을 들어 보시고 고객님의 생각을 바꾸세요!"라고 말하는 것과 다를 바 없다. 상대가 나의 잘못된 점이나 틀린 부분을 지적하면 당신의 기분은 어떻겠는가? 고객도 이와 같다. "그래, 너 잘났다!" 하는 반발심만 가져올 것이고 당신의 비즈니스 역시 실패로 끝나고 말 것이다.

세일즈 세계의 고수들은 고객이 논리적으로 설득하는 대상이 아니라는 것을 정확히 알고 있다. 그들은 수많은 실패의 경험과 시행착오를 통해 이 사실을 깨달은 사람들이다. 반대로 고객의 이야기에 어떻게 반응하고 그들의 감정을 움직일 수 있도록 대응할지를 연구하는 사람들이다. 한마디로 '지는 것이 이기는 게임'

인 것이다. 고객을 이기려고 하는 순간 게임은 끝이 나는 것이다.

다른 사람들이 항상 당신과 같은 생각을 하는 사람도 아니며 당신이 지금 하고 있는 생각에 동의를 하는 사람도 아니라는 사실을 기억해야 한다. 인생 역시 다르지 않다. 자신의 성장을 위해 여러 분야의 사람을 만나야 하고 그 안에서 성공을 거머쥐기 위해서는 '지는 것이 이기는 게임'이라는 말을 마음속에 담고 있어야 한다. 지는 것은 자신을 통제하는 능력이며 고객의 마음 안으로 파고들어 가는 것을 의미한다. 바로 그것이 유대감이자 공감력이다. 유대감과 공감력이 있다면 사람을 만날 때도 자신 있게 행동할 수 있다.

'이 사람이 나를 존중하고 있구나!'라는 생각이 드는 순간 유대감이 생기고 당신의 비즈니스에 관심을 갖게 되면 공감이 이루어지는 것이다. 논리와 데이터를 과감히 버려야 할 순간이 있다. 그리고 당신 안에 있는 본능의 힘과 직감의 힘을 믿어야 할 때가 있다. 고객과의 유대감은 이성적인 논리와 데이터가 아니다. 인간과 인간의 유대에서 시작된다는 사실을 명심히기 바란다.

세일즈 초보 시절에는 경험과 직감의 힘을 믿지 않았다. 그 결과 쓰디쓴 실패를 많이 경험했다. 혹독한 경험이었다. 세일즈의 세계가 어떤 곳인지 모른 채 무작정 뛰어들어 깨지고 넘어지고 다시 일어서고를 반복하면서 머리가 아닌 몸으로 직감의 힘을 체득했다. 그렇게 경험과 연륜이 쌓이면서 나름의 인생의 촉이 생기고 직감의 힘이 논리의 힘보다 더욱 더 강력하다는 사실을 깨닫게 된 것이다.

당신 안에 노련한 나침반이 있다는 사실을 알고 있는가? 고객을 만나거나 비즈니스를 펼쳐나갈 때 경험이 많은 사람들은 이 노련한 나침반의 힘을 알고 있다. 우리는 수년간 학교라는 울타리 안에서 이성과 논리, 통계적인 학습을 배워 왔다. 감성보다는 논리가, 직관보다는 이성이 정답이라고 여기며 살아왔던 것이 사실이다. 하지만 대학을 졸업한 후 사회에 첫발을 내딛는 순간 학교에서 배웠던 학습의 내용에는 뭔가 모순이 있다는 사실을 깨닫기 시작했다. 어느 분야의 고수들도 마찬가지겠지만 특히 비즈니스와 세일즈 분야의 고수들은 논리와 통계보다는 경험과 직관의 힘을 발휘하는 경우가 많다.

"거참 이상하단 말이야. 분명히 데이터 대로라면 이런 결과가 나와야 하는데 정작 고객을 만나게 되면 생각지도 못하는 변수들이 많단 말이야."

세일즈 마스터들은 이런 말을 들으면 조용히 미소를 짓는다. 이론과 실제는 분명 확실한 차이가 있다. 자신의 경험을 통해 체득한 직관력, 즉 철저한 내공이 쌓여 있지 않다면 절대로 알 수 없는 기술이기 때문이다. 그들은 고객을 만나더라도 처음부터 이론적인 통계나 데이터를 들고 떠들어대지 않는다. 이론적인 부분이 절대 다가서지 못하는 영역이 고객 안에는 있다는 사실을 이미 알고 있기 때문이다. 만약 심한 거절을 당하더라도 절대 자신의 감각의 힘을 잃지 않는다. 고객의 안부를 묻고 고객의 마음속으로 들어가 감성의 코드를 꽂는다. 고객과 세일즈 마스터와 유대를 가장 먼저 우선시 한다. 이때 필요한 것은 이론적인 데이터가 아니다. 바로 경험과 직감이다. 이 사람이 가장 원하는 것, 지금 당장 해결해 주어야 할 문제점, 어떤 결정을 내려야 모두에게 행복한 결과를 가져오는가를 직감적으로 느낀다. 그래서 고수들은 어떤 상대를 만난다 하더라도 당황하는 기색 없이 매끄럽게 풀어낼 수 있는 것이다.

나는 세일즈 영업의 현장에서 수많은 거절을 경험하며 터득했다. 세일즈의 이론보다 실제 현장에서 부딪치고 경험하며 체득하는 직감의 힘이 더욱더 강력하다는 사실을 말이다. 물론 세일즈의 이론과 기술이 담겨 있는 책 또한 매우 중요한 지침서이다. 시작의 힘과 돌진해 나갈 수 있는 강력한 동기부여를 주기 때문이다.

어느 분야에든 고객과의 심리적인 줄다리기는 존재한다. 그 줄다리기에서 초보는 자신의 감정통제력이 자주 흔들린다. 바로 앞에 앉아 있는 고객을 바라보기보다 어떻게든 이 상품, 또는 이 프로젝트를 판매해야 한다는 것에 온 정신이 팔려 있기 때문이다. 하지만 고수들은 평소 자신의 감정을 통제하는 훈련을 하고 있어 전혀 흔들림 없이 모든 상황을 자신의 패 안으로 끌어들일 수 있는 것이다.

고객의 반응 하나에도 촉을 세우고 말 한마디에도 그 사람의 감정이 어떠한지를 살핀다. 그 짧은 순간에도 말이다. 이것은 머리가 아니라 평소 오감으로 훈련한 결과이다. 직감적으로 상대를 간파하고 패를 돌려 새로운 대안을 제시해 줄 수 있는 능력은 한 순간 만들어지는 것이 아니다. 평소 꾸준히 내공을 쌓아가는 훈련을 가혹하리만치 그들은 실행하고 있다는 것이다. 그래서 촉이 보통 세일즈맨보다 빠르다.

당신 역시 당신의 분야에서 최고의 고수가 되고자 한다면 경험을 통한 실패, 직감의 촉을 세우는 훈련을 스스로에게 강도 높게 해야 한다. 고수들은 자기 내면의 강한 면을 겉으로 드러내지 않는다. 부드럽고 유하지만 그들은 항상 스스로를 통제하는 훈련을 거듭하고 촉을 세우는 수련을 거듭하고 있다.

꼭 기억해야 한다. 촉, 감각, 경험, 직관들은 때에 따라 논리를 앞서고, 논리를 앞서면 행동은 빨라지고 시간은 당신 편이 된다는 것을 말이다.

짧게 보는 바보들은
언제나 존재했다

조 지라드는 세일즈의 전설적인 인물 중 하나로, 그는 15년 간 1만 3천 대의 자동차를 판매한 경이적인 실적으로 12년 동안 기네스북에 등재되기도 했다. 그는 자신의 저서 《최고의 하루》에 서 성공의 비결을 이와 같이 말하고 있다.

"성공의 비결이요? 그것은 한 번 맺은 고객의 인연을 소중하게 여기는 습관에서 시작됩니다."

조 지라드는 고객을 그저 판매와 실적의 대상으로만 여기지 않 았던 인물이다. 보통의 세일즈맨들은 상품을 팔게 되면 그것으로 만족하는 것에 그친다. 차후의 서비스를 약속하지만 시간이 지나 면 그 약속을 제대로 지켜내지 못하기도 한다. 고객이 계약서에

사인을 했다고 해서 비즈니스가 모두 종결되는 것이 아니다. 많은 사람들이 이 사실을 알고 있다. 문제는 언제나 실천이다.

조 지라드는 고객을 단지 고객으로만 바라보지 않았다. 철저히 고객의 입장에 서서 생각했다. 비즈니스의 세계에서는 고가의 제품을 최고가로 판매하는 것을 목표로 하고 있다. 하지만 그는 생각을 비틀었다. 가장 비싼 차를 권해야 자신에게 돌아오는 수익이 많다는 것을 알면서도 고객을 만나 상담을 할 때에도 고객에게 부담이 적고 가장 적당한 차를 선택할 수 있도록 권했다.

"미친 거 아니야? 한 대라도 더 비싼 차를 팔아야 우리에게 돌아오는 수당이 많아지는데 오히려 저가의 자동차를 추천하다니! 저 사람 세일즈를 제대로 하기는 하는 거야?"

주변의 동료들은 수군거렸다. 그뿐 아니라 그는 자신이 판매한 차에 이상이 생겼을 때 사비를 털어서 고객의 차를 수리해 준 일도 있었다. 그리고 매월 손으로 직접 쓴 편지를 고객의 집으로 보내기도 했다. 그 편지 안에는 항상 '당신이 정말 좋습니다'라는 말을 빼놓지 않았다고 한다.

당시 보통의 세일즈맨들에게 조 지라드는 정신이 조금 이상한 남자쯤으로 여겨졌을 것이다. 번거롭고 귀찮고, 더군다나 사비를 털어 고객의 차를 수리해 주는 남자가 정상적으로 보이지는 않았을 것이다.

"정말 바보 같은 사람이야. 저래서 제대로 세일즈나 할 수 있겠어? 저 사람 몇 달 버티지도 못할 거야!"

하지만 바보는 조 지라드가 아니었다. 그를 비난하던 보통의 세일즈맨들이었다. 조 지라드의 고객들은 그를 단지 세일즈맨으로 보지 않게 되었다. 문제해결사, 조력자, 조언자, 컨설턴트로 바라보기 시작했던 것이다. 그에게 고마움과 믿음을 갖게 된 고객들은 그에게 다시 차를 구매하기도 하고 자신들의 친구들, 지인들에게도 그를 소개시켰다. '한 사람 뒤에는 250명이 있다'라는 그의 '250의 법칙'이 증명된 셈이다. 동료들은 철저히 수입이라는 논리를 가지고 일을 했지만 조 지라드는 그것을 뛰어넘어 이후를 지켜보는 장거리 안목을 가지고 일을 했던 것이다.

세일즈에서 최대의 장벽은 '왜 항상 고객은 매번 거절을 할까?'이다. 실행력 역시 마찬가지다. 무언가 실행하려 해도 주변에 걸리는 문제가 참으로 많다. 많은 데이터를 준비하고 최선을 다해 프레젠테이션을 하지만 돌아오는 답은 언제나 그렇듯 독한 거절과 지독한 실패가 대부분이었다.

"마음을 얻어야지. 우리는 상품을 파는 사람들이기 이전에 고객의 문제를 어루만져주고 마음을 다독여주는 조언자, 조력자가 되어야 해. 그래야 고객은 마음을 열기 시작한다고. 통계? 데이터? 그들은 이미 많은 걸 알고 있어. 지금이 어떤 시대야? 터치하나면 세상 끝에서 벌어지는 일들도 알 수 있는 세상이야."

고객이 궁금한 건 논리나 정보가 아니라 인간적인 매력이다.

짧게 보는 사람은 논리나 정보를 들이댄다. 사람과 사람이 만나 마음을 얻는 것이 생각보다 쉽지 않기 때문일 것이다. 나 역시 고객의 거절을 이겨내면서 한계를 극복하는 것이 쉽지 않았다. 초보 시절 나는 '상품을 반드시 팔아야 돼. 실적을 올려야지'라는 생각으로 덤볐지만 돌아오는 것은 차가운 거절이 대부분이었다. 문제점과 원인을 알고 싶었다.

"재명씨, 그건 말이야. 고객의 입장에서 서보지 않았기 때문이야. 고객은 필요성을 느낄 때 상품을 구입하거든. 아무리 데이터를 고객에게 디밀어봐야 돌아오는 것은 거절뿐 일거야. 고객 스스로 자신의 문제에 대해 자각하도록 도와주어야 해. 우리는 그 문제를 풀어주는 조언자, 혹은 문제해결사가 되어주어야 하지."

같은 분야의 일을 하면서도 매번 성과를 발휘하는 J 선배의 조언을 들은 후 바로 그 고객의 입장이라는 것에 대해 끊임없이 생각하게 되었다. 문제해결사? 조언자? 초보 시절에는 이 말이 너무나 생소했다. 하지만 결론은 똑같았다. 긴 안목으로 보자는 것이다.

세일즈맨은 항상 불안감과 함께 일한다고 해도 과언이 아니다. 목표와 실적, 거절에 대한 상처가 다른 분야의 일보다 강도가 세고 심하기 때문이다. 실적의 불안감, 거절의 두려움을 가지고 고객을 만난다면 고객에게 그 두려움과 불안감이 고스란히 읽히고 만다. 세일즈 마스터들은 단순히 물건을 파는 행위를 하는 사람들이 아니라 고객과 같은 방향을 바라보고 어깨를 나란히 하며 함께 발전하는 사람들이다. 그들은 언제나 이미 준비된 거절의 달인들, 즉 고객을 마주하게 된다.

실행력에 있어 긴 안목은 필수다. 단기간의 성과에 빠진다면 정말 단기간에 행동할 수밖에 없다. 언제 어디서나 짧게 보는 사람들은 존재한다. 짧게 보는 사람들 속에서 휘둘린다면 자신 역시 짧게 볼 수밖에 없다. 짧게 보기보다 긴 안목을 가지고 실행해야 한다.

실행을 위해
손해도 볼 수 있어야 한다

"성공하는 특별한 비법이 있나요?"

"어떻게 하면 당신처럼 성공할 수 있죠?"

대부분의 사람들은 누구나 성공한 사람에게 이런 질문을 하고 싶어 한다. 그 질문 속에는 이런 의미도 담겨 있다. '좀 더 안전하고 빠르게 성공하는 길은 없을까요?' 대부분의 사람들은 시행착오 없이 안전하게 성공하기를 바란다. 하지만 그러한 인생은 그 어디에도 없다. 오직 치열한 경험과 공부를 통해서만 인간은 성장하고 발전하고 진화하게 된다. 이것은 자연의 법칙이고 불변의 진리라고 인생의 고수들은 말하고 있다. 수많은 성공자들은 어서 빨리 도전하고 많은 실패를 경험해 보라고 조언한다. 그들은 수많은 실패 안에서 거친 원석을 최고의 보석으로 담금질하라고 말한다. 그만큼 시간과 조공, 노력과 투자를 아끼지 말라는 뜻이다. 투자 없이는 성공을 이룰 수 없다. 씨를 뿌리지 않고 좋은 결과를 바란다는 것은 억지다. 경험의 씨를 많이 뿌려야 노하우라는 값진 열매를 얻을 수 있는 것이다.

나는 영업 초보 시절 이 사실을 깨닫지 못했다. 좀 더 안전하게, 최소한의 시행착오로 쉽고 빠르게 성공의 고지에 올라서기 위한 길을 찾고 싶었다. 하지만 그 어떤 노력 없이는 결코 그 무엇도 이룰 수 없다는 것을 수많은 경험을 통해 깨닫게 되었다. 넘어지면 다시 일어나고 거절당하면 다시 들이대고, 계속 도전하고 실행하는 것만이 성공의 답이라는 사실을 알게 되었다. 실행은 모험과도 같다. 자신이 그동안 경험해보지 못했던 새로운 분야에 뛰어들어 새로운 사람들과 고객을 대할 때 많은 두려움이 뒤따르는 것이 사실이다. 하지만 세상에 두려움을 느끼지 않는 사람은 없다. 단 한 번도 해보지 않았던 일을 하거나 도전과 시도를 할 때는 더욱 더 그렇다. 보통과 비범함의 차이는 두려움을 대하는 태도, 두려움을 돌파해내려는 실행력에 있다.

'성공을 바란다면 대가를 미리 지불하라'는 말이 있다. 대가란 투자이자 도전, 어쩌면 실패와 손해 또한 볼 수 있다는 의미다. 물질적인 손해, 시간적인 손해, 노력의 손해 등 많은 땀과 정성을 투자해야 원석은 온전히 연마되고 보석으로 다시 새롭게 태어나는 것이다. 대부분의 사람들은 '이렇게 하면 성공을 빨리 이룰 수 있습니다'라는 말에 현혹된다. 하지만 단번에 결실을 맺는 성공이란 없다. 혹 로또와 같은 운이 작용했더라 하더라도 그것을 진정한 성공이라고 볼 수 없다. 스스로를 단련시키지 않고 자신의 그릇을 키워놓지 않은 사람에게는 운을 성공으로 연결시키기 어려울 것이다.

일본의 경제금융교육 전문가 이즈미 마사토의 저서 《부자의 그릇》에는 자신의 신용과 그릇을 키워놓아야만 그 그릇에 온전히 성공을 담을 수 있다고 말하고 있다. 돈을 다루는 방법, 다른 사람들의 기대에 부응하는 방법, 사람들과의 약속을 철저히 지키는 방법이 돈을 어떻게 불러 모으는지 전하고 있다. 자신에게 닥친 현재 상황을 바라보고 지금 당장 무엇을 실행하고 무엇을 제공하면서 신용을 쌓아 나가야 하는지 명쾌하게 이야기하고 있다. 고객을 상대할 경우에도 마찬가지다. 고객을 물건으로 바라보지 않는 태도, 고객을 성과물로 바라보지 않는 태도가 매우 중요하다. 태도는 곧 그 사람에 대한 믿음이며 신용이다.

부메랑 효과를 생각해 보면 쉬울 것이다. 지금 당장 손해라고 생각했던 것이 가까운 미래에는 더 큰 선물로 돌아온다는 사실을 말이다. 나는 어느 일에서나 부메랑 효과를 떠올린다. 그것은 내가 조금 손해를 보았다 치더라도 고객을 위해서나 모임에 참여한 사람들을 위해 투자를 하고 있다는 생각을 항상 갖는 것이다. 당장은 힘에 부칠지 모르겠지만 후에 내게 다시 돌아오는 부메랑의 효과를 믿기 때문이다.

고객이 심한 거절을 하면 어떠한가? 고객과의 인연을 유지하고 발전시켜나가는 비결은 바로 한 발짝 물러서 고객을 더욱 생각하고 배려하는 태도다. 모든 상황을 투자라는 관점으로 바라본다면 당신의 세상 역시 전혀 다르게 보일 것이다.

전 세계 최고의 리더십 전문가이자 베스트셀러 작가인 존 맥스웰은 그의 저서 《작은 성과》에서 이렇게 말하고 있다.

"시작하지 않으면 얻을 수 없다. 따라서 느끼고 싶은 것을 행동으로 옮겨야 한다. 어떤 일을 하고 싶다는 느낌이 들 때까지 기다리는 자세로는 무관심의 악순환을 깰 수 없다."

"세상에는 현실주의자와 꿈꾸는 자 두 부류가 있다는 것을 항상 명심하라. 현실주의자들은 자신이 어디를 향해 가는지 안다. 하지만 꿈꾸는 자들은 이미 그곳에 다녀왔다."

그들은 꿈에서도 실행한다. 시행착오가 실패라고 생각하지 않는다. 실행하지 않는 것이 가장 나약하고 지독한 실패라고 말한다. 두려움을 극복하는 데 있어 무조건 들이대는 실행력만큼 좋은 것은 없다. '내가 다시 할 수 있을까? 지금 당장 할까? 말까?'를 망설이고 있다면 생각에 브레이크를 걸어라. 그리고 한계의 벽에 다시 들이대라.

성공한 사람들은 한결같이 말한다. 성공에는 마술같은 비법이나 특별한 능력에 있는 것이 아니라고 말이다. 성공의 비법은 바로 다시 들이대는 실행력에서 판가름이 나는 것이라고도 한다. 손해를 감수하지 않고 성공을 이룰 수는 없다. 보통 사람들의 실패의 원인은 실행력의 부족에서 온다.

내가 몸담고 있는 세일즈 분야의 고수 역시 다르지 않다. "특별한 비법이요? 특별한 비법 같은 것은 없었습니다. 죽을 것 같이 힘들었을 때도 있었죠. 그럴 때마다 다시 목표를 세우고 계획을 정하고 실천에 옮겼을 뿐입니다." 그들은 무조건 닥치고 실행을 하는, 몸으로 성공을 터득해 나간 사람들이라는 것이다.

맨손으로 성공한 100명의 부자들을 직접 인터뷰하고 그들의 성공 비법을 생생하게 공개한 부자 전문가 랜들 존스는 이렇게 말한다. "행동은 때때로 고통을 불러옵니다. 그것도 지독한 고통을 말입니다. 하지만 지독한 고통을 몇 번 견디고 말겠습니까? 아니면 평생 만성적인 고통에 시달리며 살겠습니까?" 그는 부자들의 성공 요인 중 하나로 강점과 야망, 실행력을 꼽는다. 자신의 강점을 찾아내는 것, 스스로가 인생의 주인이 되는 것, 야망을 갖는 것, 무조건 실행하는 것, 성공하기 위해 끊임없이 실패해 보라고 조언하고 있다. 결코 안된다는 말은 하지 말라고 단호하게 말한다.

그렇다. 행동은 고통을 불러온다. 그냥 살던 대로 살아가는 것만큼 편하고 쉬운 일도 없을 것이고 불편함도 느끼지 못할 것이다. 하지만 당신에게 주어진 1만 시간이 지나면 그 이야기는 달라진다. 어떤 이는 인생의 비약적인 발전인 '퀀텀 점프Quantum Jump'를 맞이할 것이고 또 어떤 이는 사회와 인생에서 점점 밀려나는 인생을 살게 될 것이다. 우리의 인생은 그리 짧지 않다. 과거 인생의 2막이 전부였던 우리는 이제 인생의 3막, 4막 5막을 준비하며 살아가야 한다. 한 가지 직업으로 평생을 살아가기란 정말 힘든 세상이 되었다. 그렇기 때문에 손해가 있더라도 행동해야 한다.

손해를 손해라 판단하지 말고 투자라고 생각해보자. 그럼 정말 투자가 되어 반드시 돌아올 것이다. 그렇다면 지금 실행하는 데 있어 드는 시간과 비용은 손해가 아니라 철저한 투자인 셈이다.

의미부여를 한다면
실행의 힘을 얻는다

"세일즈맨이 판매에 성공했을 때 그곳에는 패자란 없다. 그가 훌륭한 세일즈맨이라면 사는 사람이나 파는 사람이나 모두 승자가 되기 때문이다."

"세일즈가 성공하기까지 파는 사람과 사는 사람과의 대결은 마치 게임이나 전쟁과 비슷하지만 결국 누구도 피를 흘리지 않으며 누구도 패자가 되지 않기 때문에 누구든지 승자가 될 수 있는 싸움인 것이다."

— 세계적인 세일즈의 대가 조 지라드

세상의 중심에 선 일인자들은 수많은 거절을 당한 사람들이다. 특히 세일즈 마스터들은 그 이상의 거절의 상처를 안고 이 상황을 극복하고 뒤집어 승리를 거머쥔 사람들이다. 자기계발과 세일즈, 비즈니스의 대가 브라이언 트레이시가 말했듯 모든 비즈니스는 '고객의 칭찬과 거절을 먹고 성장하는 분야'라고 했다. 수십, 수백 번의 거절을 당하면서도 끈질기게 상황을 반전시킨 이들은 자신만의 철저한 내공을 쌓은 인물들이라는 뜻이다.

모든 분야가 그렇지만 세일즈 분야에서도 자신만이 정해놓은 의미부여, 동기부여가 실행력의 많은 것을 좌우하고 있으며 이는 올바른 방향으로 안내한다. 한 번의 실패, 한 번의 좌절을 겪으며 의기소침해지는 자신의 마음을 다시 끌어올려 에너지를 충전하고 다시 도전하도록 해 주는 결정적인 동력은 바로 자신이 하고 있는 분야에 대한 자부심과 사명, 즉 의미부여와 동기부여가 결정적인 작용을 한다.

'나는 이 일을 왜 하고 있는가? 이것은 나와 고객을 위해 어떤 이로움과 발전을 줄 수 있는가?'에 대한 정확하고 명확한 정의를 내려놓는다면 어떤 일에서도 성공의 가능성은 매우 높아지며 성공의 확률 또한 급격히 높아진다. 의미부여와 사명감이 모든 결과에 이토록 중요하게 작용하는 것이다. 자부심과 사명감 없이는 세일즈 분야에서 오래 버티지 못한다. 그만큼 여러 분야의 많은 사람들을 상대하며 성취와 실패를 동시에 경험하는 직업이기 때문이다.

"어떤 자질을 갖고 싶다면 그것을 이미 가지고 있는 것처럼 행동하라"고 조언한 미국의 철학자이자 심리학자, 실용주의 창시자인 윌리엄 제임스는 'As if(그런 척 하기)'라는 원칙을 내세웠다.

"20세기 최대의 발견은 마음가짐을 변화시켜 그 사람의 인생을 바꾼다는 사실이다."

"우리는 행복하기 때문에 웃는 것이 아니고 웃기 때문에 행복하다."

"심리학에는 한 가지 법칙이 있다. 이루고 싶은 모습을 마음속에 그린 다음 충분한 시간 동안 그 그림이 사라지지 않게 간직하고 있으면 반드시 그대로 실현된다는 것이다."

"계획한 사업을 시작하는 데 있어서 신념은 단 하나, '지금 그것을 하라!' 이것뿐이다."

"내면의 태도를 바꿈으로써 외면도 바꿀 수 있다."

현대 심리학, 철학, 종교, 문학 모두 분야에 걸쳐 많은 영향을 준 윌리엄 제임스는 1884년 '감정 이론'을 발표했다. 그것은 "어떤 성격을 원한다면 이미 그러한 성격을 가지고 있는 사람처럼 행동하라"는 것이다. 인간의 감정이 행동을 만들기보다 행동이 감정을 만든다는 뜻이다. 확신에 찬 행동이 확신에 찬 감정을 만들어내는 것이다. 이미 자신을 확신에 찬 사람이라고 굳게 믿으면 모든 상황과 행동을 이에 맞추어 나가는 행동(실행력)이 성공의 결과를 만들어 낸다는 이야기이다. '그런 척 하기 원칙'은 자신감을 회복하고 당신의 슬럼프를 극복하는 데 많은 힘이 될 것이다.

당신 안에 '멘탈 스위치*Mental Switch*'를 만드는 것도 매우 중요하다. 나는 고객과 비즈니스를 펼쳐나가는 과정에서 심한 상처나 타격을 받아 자신감을 잃는 경우를 대비해 마음 안에 멘탈 스위치를 만들어 놓았다. 멘탈 스위치란 정신과 의사이면서 멘탈 트레이닝 전문가로 활동하고 있는 문요한 작가의 《굿바이 게으름》이라는 저서에서 활용하고 있는 기술이다. 그가 이야기하고 있는 멘탈 스위치는 마음이 부정적으로 변했을 때 과거나 미래의 긍정적인 장면을 연상하며 기분을 전환시켜 주는 것을 말한다. 마음 안에 상상의 스위치를 만들어 놓고 부정적인 마음이 들면 그 상황을 잠시 *끄고* 긍정적인 마음으로 전환하는 스위치를 켜라는 것이다. 과거에 경험했던 성취 경험이나 도전정신이 충만했던 상황들을 현재로 가져와 스위치를 켜는 동시에 떠올리는 훈련을 하는 것이다.

그는 멘탈 스위치 훈련을 하는 데 있어서 중요한 것은 머리로 기억하는 것이 아니라 몸(오감)으로 기억하는 것이라고 말한다. 당신에게도 과거 성취와 성공의 경험이 있을 것이다. 아주 작은 것이라도 그때의 상황을 떠올려 보는 작업을 시작해 보라. 처음에는 '내게 그런 성공 경험이 있었을까?'라는 생각이 들지도 모른다. 하지만 생각의 고리를 연결하다 보면 어린 시절부터 지금까지의 과정 중에 '정말 난 대단해!'라는 경험을 발견하게 될 것이다. 바로 이 코드를 멘탈 스위치에 입력하는 것이다. 최고조의 순간을 기억해내고 그 생생한 성취의 순간을 스위치 신호로 만들어 내는 것이다. 그리고 계속하여 반복하는 것이 무엇보다 중요하다. 이것은 실행력과 매우 관련이 깊다. 성공은 생각, 반복, 실행의 결과이기 때문이다. 나는 이 훈련을 매일 같이 하고 있다. 누구를 만나더라도 어떤 고객과 상담을 하더라도 내 안에 멘탈 스위치가 반복적으로 작동하고 있어 상황을 역전시킬 수 있다.

"저는 이 상품 필요 없는데요? 누가 이 사람 좀 내보내!"

당신이 지금 하는 일에 좌절을 겪고 있다면 자신의 내면과 대화를 가지는 시간을 마련해 보라. 나 역시 초보 시절 많은 시행착오를 겪어가며 수련을 쌓았다. 책상에 앉아 생각만 해서는 안 된다는 결론을 얻고 무조건 실행력으로 모든 상황을 돌파해 나갔다. 하지만 마음에 심한 타격을 받게 되는 경우에는 그 슬럼프에서 헤어 나오는 시간이 정말 오래 걸렸다. 사람을 상대하는 직업이다 보니 나를 온전히 바라보는 시간이 적었다는 생각이 들었다. 그럴 때마다 조용한 카페에 앉아 나 자신과의 대화를 시작하면서 스스로를 정리해 나갈 수 있었고 내가 정말 이 세일즈 분야에서 무엇을 하고 싶은지 정리하고 분석하고 결론을 내릴 수 있었다. 나의 사명을 찾게 되는 순간이었다. 무조건적인 실행은 무작정 생각만 하는 것보다 월등히 나은 결과를 가져다준다. 하지만 더 높은 단계로 진입하기 위해서는 내면의 자신과 만나는 시간을 가져야 한다. 내실이 강해져야 정말 강해지는 것이다. 스스로에게 의미부여를 하고 동기를 유발하며 사명을 만드는 일은 매우 중요한 일이다. 실행력의 스타트를 걸어주는 역할을 해 주기 때문이다. 아무리 강력한 최고의 로켓이라도 스타트를 걸어줄 부스터가 없다면 그 능력을 활용할 수 없는 것이다. 도약의 중심에는 의미부여가 있다.

"나는 고객의 더 나은 삶을 위해 노력하는 인생의 컨설턴트다."브라이언 트레이시는 자신의 저서를 통해 자신의 직업은 세일즈가 아니라 컨설턴트라고 했다. 인생의 처방전을 내리고 치료를 도와주는 조력자라는 사명을 가지고 일을 하고 있다는 것이다.

똑같은 세일즈를 하고 있지만 자신의 내면과의 대화를 통해 완성한 사명이 있는 사람과 그저 직업이려니 하고 수동적으로 접근하는 사람의 미래는 전혀 다르게 진행된다.

당신이 몸담고 있는 분야도 마찬가지다. 당신이 비즈니스에서 또는 인생에서 자신의 분야를 바라보는 태도와 그 분야에 대한 의미부여가 정해지지 않는다면 과거와 똑같은 악순환이 지속될 뿐이다. 의미부여가 이미 된 사람은 어떤 극한의 상황 속에서도 돌파해 나갈 수 있는 길을 찾아낸다. 수백 번의 거절을 받는다 해도 다시 웃으며 고객을 만나 자신의 소신과 방향, 비즈니스를 펼칠 수 있는 힘을 지니게 된다.

작은 물건 하나에도 의미부여에 따라 전혀 다른 대상으로 변신하는 예는 많다. 쓸모없다고 여겨지던 강가의 돌 하나를 주워 그 안에 메시지를 담고 정성스럽게 포장하여 메신저 사업을 펼치고 있는 사람도 있다. 아무짝에도 쓸모없다고 여긴 대상을 새롭게 변신시키는 위대한 힘은 바로 메시지, 즉 의미부여의 힘이다.

가장 먼저, 무엇이 고객을 위한 최고의 방법인지 결정을 내린 후 그에 알맞은 상품이나 물건, 기획, 또는 프로젝트를 찾아내고 그 안에 의미부여라는 결정적인 레시피를 뿌려라. 최고의 상품은 상품 자체가 아니다. 그 상품을 판매하는 사람의 풍부한 경험과 내공, 철학, 의미부여가 곁들여 완성되는 것이다.

잠시 주변을 돌아보라. 완전히 똑같은 상품인데도 어느 곳에서는 아주 저렴하게, 또 다른 곳에서는 아주 고가에 판매된다. 고객은 상품이라는 물건 자체보다 그것을 판매하고 마케팅을 하는 사람의 브랜드, 내공을 보고 구매를 한다는 뜻이다. 사람을 보고 사는 것이지 상품만을 보고 사는 사람은 거의 없다. 스스로에게 의미부여의 훈련을 거듭한다면 당신의 분야에서도 분명 뚜렷한 진가를 발휘할 수 있을 것이다. 스토리가 있는 마케팅이 사람의 마음에 감동을 주는 것처럼 의미부여와 동기부여가 된 상품이 사람들의 머릿속에 더욱 오래 남고 기분 좋은 인생을 살도록 돕는 역할을 하는 것이다.

사람에게는 다른 이에게 전달하는 에너지라는 것이 존재한다. 그 에너지란 자신 안에 쌓인 내공을 말한다. 평소 내공을 쌓는 훈련을 해나간다면 결정적인 순간에 더욱 강력한 실행의 힘을 얻게 될 것이다.

때에 따라
고객을 혼내라

일을 하다 보면 성격도 취향도 천차만별, 가지각색인 사람들을 상대로 비즈니스를 펼쳐야 하는 경우가 있다. 그중 가장 대하기 까다로운 상대가 바로 고집이 센 고객과 자신이 무엇을 원하고 있는지 정확히 파악하지 못하고 있는 고객이다.

이 두 성향은 극과 극을 달린다. 고집이 센 고객의 경우는 대개 자수성가로 사업을 이룬 사람들인 경우가 많다. 고생을 하여 스스로 이룬 삶이기에 다른 이의 의견에 그리 귀를 기울이는 경우가 드물다. 오로지 자신의 생각과 경험을 통해 이루어 놓은 결과가 옳았다는 고정관념이 작용하기 때문이다. 이러한 경우 여러 가지 제안을 제시해 보지만 자신의 생각과 맞지 않다고 여기면 거절하거나 거부하는 경향을 보인다.

"이 사람 아직 경험이 많지 않아서 모르나 본데 내 경험엔 말이지…"

이러한 경우 상대가 가지고 있었던 '고정관념의 벽'을 깨기란 그리 쉽지 않다. 그러한 경우 끈기를 가지고 경청과 몰입하는 태도로 고객의 이야기를 들어주면서 무엇이 그들의 생각과 마음 안에 강력한 방어막으로 작용하는지를 간파해야 한다. 그들은 살아오면서 보통 사람들보다 더욱 많은 상처를 받아왔을 것이고, 그래서 생긴 마음의 옹벽 같은 것이 있기 마련이다. 그 옹벽을 깨주어야 그 다음의 문이 열린다. 세일즈맨은 그러한 상처와 생각을 어루만져주는 역할을 해 주는 사람이 되어야 한다. 경청을 하면서 결정적인 한방을 준비하는 습관이 필요하다. 결정적인 한방이란 고객의 생각과 마음의 옹벽의 문을 여는 마법의 열쇠이며 동시에 감동의 열쇠이다.

'이 사람이 나를 이렇게까지 생각하고 있구나!' 하는 진한 감동이 있어야 그들의 철옹성과 같은 마음의 문은 열리기 시작한다. 아무리 통계와 데이터를 들이밀어 보아도 돌아오는 것은 냉담함 또는 무반응뿐일 것이다. 그들에게는 이미 자신이 몸으로 체득한 삶의 노하우와 경험이 쌓여 있기 때문에 이론적인 데이터에는 그 누구보다 더 박식하다는 점을 기억하기 바란다.

인생도 비즈니스도 다르지 않다. 연륜이 있고 노련한 상대를 대하기 위해서는 그 만큼의 철저한 준비와 내공을 갖추고 있어야 한다는 말이다. 섣불리 통계나 이론적인 데이터로 상황을 주도해 나가려고 하다가는 큰 실수를 범하게 되는 경우가 많다. 그들의 말에 주의 깊게 경청하면서 결정적인 핵심을 찌르는 감동의 메시지를 만들어내는 능력이 반드시 필요하다.

그 훈련은 평소 많은 사색과 독서를 통해서 쌓아 나가야 한다. 심장을 울리고 전율을 느끼도록 해 주는 말 한마디가 몇 십 장의 논리적인 데이터 자료보다 백 배는 더 나을 때가 많다. 인간은 이성적인 동물이기에 앞서 감성적인 동물이기에 감동이 없다면 그 어떤 분야에서도 성공을 일구어 내기 어렵다. 감동은 당신이 건네는 말 속에 있다. 말의 힘은 아무리 강조해도 지나침이 없다.

그들에게 주도권을 주어 마음껏 이야기를 하도록 장을 열어주고 그 안에서 정확한 핵심을 파악하는 능력을 키워라. 이때 반드시 필요한 것은 인내와 끈기다. 성급하게 굴다가는 절대 답을 찾지 못할 것이다. 연령이 높은 사람일수록 누군가에게 자신의 이야기를 하는 것을 매우 즐겨 한다. 상대가 이야기를 하고 있을 때 당신은 그 이야기 속의 핵심을 분류하고 정리하고 분석한 후 정곡을 찌르는 핵심 메시지를 만들어 내야 한다.

두 번째는 자신이 무엇을 원하고 있는지 아직 모르는 고객이다. 사실 굉장히 많은 사람들이 이 부류에 속한다. 그들에게는 하나에서 열까지 친절한 안내가 필요하다. 무엇이 그들의 인생에 보탬이 되는지를 자세히 조목조목 설명해 줄 필요가 있다. 하지만 끝까지 결정을 내리지 못하는 사람들이 종종 있다. 그들은 단한 번도 자신을 위해 단호한 결정을 내려 본 적이 없거나 자신이 간절히 원하는 것이 무엇인지 생각해 본 경험이 없었기 때문에 우유부단함을 보이기도 한다. 한마디로 따라다니는 인생들이다. 누군가가 '이게 좋다더라!' 하면 그것이 좋은가 보다, 라고 여기며 따라가는 사람들, 자신이 주체가 되어 본 적이 없는 사람들이다.

이러한 고객을 만나는 경우 첫 번째 유형인 자수성가형의 사람들보다 더욱 힘든 부분이 많다. 결정을 내리고서도 번복하는 경우가 발생하기 때문이다. 당신 주변에도 이와 같은 상사와 동료, 친구들이 있을 것이다. 반드시 누군가 결정을 내려줘야 안심하고 결정하는 종류의 사람들이다. 프로젝트나 비즈니스의 경우에서 90%까지 결정이 나고 승인된 상황에서도 그들은 나머지 10%의 결정을 내리지 못한다. 그런 유형을 가리켜 귀가 얇은 사람들이라고도 부른다. 그런 이들은 성격적인 영향도 있겠지만 자라온 환경적인 영향이 더욱 크게 작용할 것이다. 자신이 단 한 번도 결정을 내려 본 적 없이 부모나 그 누군가의 결정을 따라왔기 때문이다.

그들에게는 단호함이 필요하다. 이러한 경우 아무리 고객이라 해도 과감하고 단호하게 이야기해야 한다. 당신 자신이 단호한 결정을 내리지 못한다면 고객도 당신도 표류하게 될 것이다. 둘 중 누군가 키를 잡고 돛을 올리고 올바른 방향을 잡아주어야 하는데 그 누군가가 바로 당신이 되어야 한다. 그래서 때로는 고객을 과감하게 혼내기도 해야 한다. 우유부단한 거절은 고객에게나 비즈니스를 펼쳐나가고 있는 당신에게도 치명적인 손해다. 고객의 우유부단한 습관을 고쳐주기 위해서라도 당신은 단호함을 보여야 한다.

"이러한 결정을 내리셨으니 이렇게 진행하도록 하겠습니다!" 하는 단호한 결정이 고객의 인생에도 많은 도움과 터닝 포인트의 역할을 해줄 것이다. 단지 매출을 올리기 위한 수단으로서의 단호함은 고객이 알아보기 마련이다. '아! 이 사람이 실적을 올리기 위해 내게 계약을 강요하는 구나!'라는 생각을 하게 된다는 것이다.

고객을 위해 진정성이 담긴 단호함은 절대적으로 필요하다. 당신의 비즈니스, 당신의 인생에서도 이러한 단호함은 꼭 필요하다. 상대의 무리한 요구나 우유부단함에 끌려 다녀서는 안 된다. 가장 견디기 힘든 경우는 상사의 무리한 요구나 우유부단한 결정들일 것이다. 동료나 친구들의 우유부단함은 바로 이야기할 수 있고 단호한 결정을 내릴 수 있다고 해도 상사에게 "이렇게 하시면 정말 곤란합니다!"라는 말을 하기 어려운 것이 현실이다.

그렇다 하더라도 언제까지 마냥 끌려 다니는 인생을 살아서는 안 된다. 리더가 무능하거나 우유부단하다면 언젠가 그 조직은 무너지거나 표류하게 된다. 방법은 세 가지다. 그냥 기존처럼 끌려 다니는 인생을 지속할 것인지, 아니면 전략을 세워 상황을 개선해 나갈 것인지, 아니면 그 회사를 그만둘 것인지 결정하는 것이다. 비전이 없다면 선택의 여지가 없다. 시간은 되돌릴 수 없다. 시간은 황금이다. 자신의 시간을 누군가에 이끌려 다녀서는 안 된다. 그만큼 어리석은 결정은 없다. 결정은 바로 당신이 내리는 것이다. 철저히 준비하고 생각하고 계획한다면 분명 길이 보일 것이다. 어느 분야에서든 복장을 터뜨리게 하는 상사는 있다. 그들을 요리할 수 있는 것은 바로 당신이다.

10년이 넘도록 현장에서 경험해온 바로 이 세계는 세일즈의 세계이자 치열한 전쟁터이다. 자신을 온전히 1인 기업이라고 생각하지 않으면 절대 성공할 수 없는 분야가 바로 이 분야다. 나는 내 자신이 온전한 하나의 기업체라고 여기며 살아가고 있다. 그래서 나는 움직이는 기업이다. 나의 필살기는 사람을 대할 때나 고객을 대할 때 입체적으로 바라보고 그에 맞는 대안을 제시해 주는 것이다. 그만큼 대화를 나누면서도 상대를 파악하고 분석하고 해결점을 제시하는 훈련을 거듭해왔다. 다년간의 훈련으로 몇 번의 이야기를 나누다 보면 상대가 어떤 성향을 가진 사람인지도 파악할 수 있게 되었다. 단호함이 필요하다면 고객을 혼내서라도 상황을 제대로 바로잡는 것이 프로라고 생각한다.

고객의 모든 것을 받아주는 것은 프로가 아니다. 고객의 문제점을 파악하고 그에 맞는 솔루션을 제공해 주는 것이 바로 프로다. 솔루션이 없다면 프로의 자격이 없는 것이다. 고객이 우유부단한 성격을 지녔다면 단호하게 결정해 주는 역할을 바로 당신이 해야 한다.

여섯.

일 일 청 한

一 日 淸 閑

실행을 위한 리셋 방법

내려놓음은 무뎌지지 않는 궁극의 방법이다

자신만의 필살기가 있다면 어딜 가나 대접을 받는다. 멀티 플레이도 대접을 받지만 아웃소싱이 일반화되면서 필살기를 존중하는 시대가 되었다. 나를 대접해 주는 필살기를 만들기 위한 첫 번째 조건은 번잡함을 제거하는 것이다. 번잡함이 가득하다면 필살기가 무엇인지 우왕좌왕하다 시간만 보내게 된다.

보험을 판매하다 보니 늘 긴장이 흐른다. 특히 늦은 밤에 전화가 오면 더욱 놀라게 마련이나. '교통사고가 났는데 어떻게 처리를 해야 하는지?', '밤사이에 화재가 났는데 사고 처리 방법을 모르겠다' 등 다양한 일들이 긴장을 하게 만드는 것이다. 사실 지치기도 쉽다. 이런저런 이유로 매일 정신의 칼을 갈지 않으면 실행의 날이 서지 않게 되고 그렇게 되면 무뎌지고 조만간 녹이 슬기 시작한다. 그래서 매월 매일 너무 많은 계획을 세우지 않는다. 너무 많은 욕심은 생각을 분산시키고 일의 초점을 흐리게 하기 때문이다. 이것은 번잡함을 줄이기 위한 방법이다. 그래야 행동에 제약이 줄어든다.

전 세계에서 두 번째 큰 규모를 자랑하는 투자개발 회사의 대표이자 130만 부 이상의 판매고를 올린 베스트셀러의 저자이기도 한 게리 켈리는 그의 저서 《원씽(The One Thing)》에서 보통 사람들이 한 분야의 최고가 되지 못하는 이유를 설명하고 있다. '멀티태스킹(동시에 많은 일을 한번에 하려고 하는 사람들) 인생은 거짓 신화이며 단 하나도 완벽하게 마무리하지 못하는 인생으로 끝나버리는 결과 만들어 낸다'라고 말이다.

일을 하다 보면 이건 내가 정말 잘 할 수 있는데 하는 일들이 꼬리를 물고 계속 연결되는 경우가 많다. 모두 한꺼번에 잘할 수 있을 것 같다는 생각이 밀려올 때 나는 바로 '내려놓음'의 방법을 취한다. 욕심이 들더라도 하나씩 내려놓는 연습을 하다 보면 그 안에서 반드시 꼭 해야 할 결정적인 한 가지가 드러난다. 바로 그것이 가장 중요하고 핵심적인 일이다. 그 한 가지를 완벽하게 파고들어 완결을 지었을 때 남겨두었던 나머지 일들에게까지 최고의 시너지를 가져온다는 사실을 깨닫게 된 것이다.

10년 동안 99억 엔의 대기업의 공장 비용을 절감하게 만든 일본 최고의 컨설턴트이자 작가인 하네다 오사무의 저서 《지갑 방 책상(당신의 부는 이 세 곳에서 시작된다)》에는 성공을 하고 싶다면 자신과 자신의 주변을 정리하는 습관을 들이고 단순하게 사는 훈련을 하라고 조언한다. 이것이 바로 내려놓음이다. 욕심을 버리고 내려놓았을 때 주변 정리가 시작되고 단순한 인생을 살게 되는 것이기 때문이다. 이것도 하고 싶고 저것도 갖고 싶은 마음이 생기면 절대 '비움'을 실행하지 못한다. '인생은 비워내야 채워진다'라는 말이 있다. 비워내는 작업이 바로 내려놓음의 훈련이다. 고객을 만나더라도, 프로젝트를 진행하거나 직장생활을 할 때도 내려놓음은 많은 이로움을 선물해 줄 것이다. 내려놓음은 탁월함으로 향해가는 지름길이라는 사실을 알게 될 것이다.

변화경영의 대가 故 구본형 작가는 그의 저서《구본형의 필살기》를 통해 '탁월함과 차별화로 가는 핵심적인 길은 단 하나에 집중해서 몰입하는 것'이라고 했다. 정확하고 명확한 하나를 도려내어 그곳에 집중하기 위해서는 내려놓음은 필수적인 훈련인 것이다. 비즈니스나 세일즈의 세계에서도 다르지 않다. 고객을 상대하는 데 있어서 성과와 판매에 대한 욕심만 부린다면 고객은 이미 그 순간을 알아차리고 방어를 시작할 것이다. 한마디로 서로의 발전과는 멀어지는 관계가 되는 것이다. '나를 노리고 접근하고 있는 세일즈맨 또는 비즈니스맨'이라는 인식이 발동되는 순간 계약은 물론 앞으로의 관계에서도 막을 내리게 된다.

잠시 마음을 비워내는 것, 내려놓아야 이길 수 있는 것이 바로 인생이고 비즈니스다. 모든 것을 내려놓고 오직 한 가지에 몰입하여 그 한 가지를 완성해 내는 일이 고수로 가는 길인 것이다. 처음에는 모두 어렵다. 어느 것을 내려놓아야 할지 망설이게 된다. 누구나 말이다. 이것을 내려놓으면 당장 힘들지도 모른다. 실패할지도 모른다는 불안감과 두려움 또한 당연히 찾아올 것이다.

일을 시작했을 때 고객을 이기려 하는 마음이 있었다. 고객을 어떻게든 설득시켜 계약을 성사시키고 일을 마무리 지으려 서둘렀다. 더 많은 일들을 한꺼번에 마무리 지어 성과와 실적을 높이려는 욕심 때문이었다는 사실을 시간이 지나고서야 깨달았다. 고객도 그 상황을 충분히 간파하고 판단한다. 고객의 눈에도 당신의 마음과 행동이 그대로 전달된다는 사실을 알아야 한다. 욕심이 많아지면 상대를 어떻게든 설득해야겠다는 마음이 앞선다. 하지만 바로 그때 내려놓음을 선택해야 한다. 마음의 평정심을 찾고 지금 눈앞의 상황을 그 자리에 내려 놓아보는 것이다. 성급함은 상대에게도 간파 당한다. 노련한 고객은 당신 안에서 요동치고 있는 심리를 정확히 알아챘다는 사실을 기억하라.

과거의 쓰디쓴 실패의 경험을 통해 나는 고객과 상담을 진행할 때에도 사전에 정해 놓은 오직 단 하나의 목표에만 집중하고 몰입한다. 그 외의 욕심을 비워낸다. 고객에게 정말 도움이 될 단 하나의 목표에 집중하다 보면 더욱 즐겁게 몰입할 수 있다. 그럴 때 결과는 언제나 성공적이었다.

설사 고객이 심한 거절을 했더라도 마음의 평정심을 유지하고 상황을 내려놓아 보라. 당장은 힘들겠지만 내려놓는 순간 당신에게 더 좋은 결과로 돌아오게 된다. 성급한 마음을 지닌 사람은 결과 역시 성급하게 마무리되고 만다. 빠른 시간 안에 좋은 결과를 냈다면 최고의 성과겠지만 그렇지 못한 결과이더라도 좌절하거나 포기하거나 상황을 억지로 뒤집으려는 모습을 보여서는 안 된다. 언제나 평정심을 유지해야 한다. 스스로에게 암시를 거는 훈련을 하라. 평정심은 모든 상황을 내려놓고 더 좋은 상황으로 역전시켜주는 궁극의 필살기가 될 것이다.

나는 평소 내려놓음의 훈련을 하고 있다. 새벽 명상을 통해서나 독서를 통해서 아침 산책을 통해서 이를 훈련시키고 있다. 한꺼번에 많은 것을 잡으려고 하다가는 모두 잡을 수 없다는 것을 실패의 경험으로 깨달았기 때문이다.

다시 시작할 힘은 일을 벌이면서 시작하는 것이 아니다. 일을 정리하며, 일을 줄이면서 시작하는 것이다. 다시 시작하기 위해 무엇을 채울까 고민하지 말고 무엇을 버릴까 고민해 보자. 새롭게 리셋하는 마음은 버리면서 시작된다.

사람에게 얻은 상처
사람에게 치료 받아라

어느 분야에서든 비즈니스를 펼쳐나가게 되는 과정에서 만나게 되는 상처는 있다. 독한 독설과 비난, 마음의 상처, 인격적인 모욕감을 겪지 않은 비즈니스맨, 세일즈맨 들은 없다. 바로 사람을 상대해야 하는 직업이기 때문이다. 사람을 상대하는 직업이 아니더라도 상처는 언제나 뒤따른다.

사람은 원래 자기중심적으로 세상을 바라보기 마련이다. 특히 자신이 판매자가 아닌 고객의 입장이 되었을 때는 더욱 그렇다. 갑이 되고자 하는 욕망이 작용하기 때문이다. 다양한 성향들의 사람들을 만나오면서 그만큼 상처 또한 많이 받기도 했다. 하지만 생각과 마음의 단련을 위해 명상과 모임, 독서를 꾸준히 해온 결과 이러한 상황을 어떻게 헤쳐 나가야 하는지 스스로 터득하는 단계에 이르렀다.

하지만 사회에 첫발을 내딛는 사람들이나 평범한 직장에 근무하는 사람들에게는 자존감이 무너지고 인격적인 모욕을 겪는 경우는 그다지 많지 않을 것으로 생각된다. 하지만 세일즈맨은 고객을 만나 이야기를 하면서 심한 모욕을 느끼는 경우도 종종 발생한다. '내가 이 일을 해야만 하나?'라는 회의감도 밀려올 때가 있을 것이다. 하지만 그런 단계를 뛰어 넘어야 자신의 분야에서 자유자재로 실행력을 발휘할 수 있는 것이다. 장벽을 넘어서지 못한다면 그 울타리에서 평생을 살게 된다. 나는 내가 정한 실행의 리셋 방법이 있다. 성과와 성취가 매우 좋은 날에도 매우 저조한 날에도 같은 방법을 취하고 있다.

일을 하다 보면 어쩔 수 없이 스트레스가 가중되는 것이 사실이다. 해소할 수 있는 다른 무언가를 마련해 놓지 않으면 과부하가 걸려 오래 버티거나 앞으로 전진조차 하기 힘들다. 다행히 영업을 시작하며 독서모임을 통해 세일즈 분야가 아닌 다른 분야의 사람들을 만나면서 일의 스트레스와 상처를 치유하는 방법을 찾아냈다. 어느 한 가지 일에 스트레스가 지속적으로 몰리다 보면 자신감과 추진력을 잃게 되는 경우가 많다. 그러한 경우가 발생되면 일단 그 장소를 떠나 전혀 다른 분야의 사람들을 만나야 한다. 같은 업종의 일을 하고 있는 동료들과 함께하는 시간을 갖다 보면 정보도 얻겠지만 일에 대한 또 다른 스트레스가 가중되기 때문이다. 부정적이고 회의적인 대화가 오가게 되면 남아있던 자신감과 성취욕구조차도 소진되기 마련이다. 엄연히 경쟁을 해야 하는 상대이기에 장점보다는 단점을, 발전보다는 회의를 하는 것이 사람들의 습성이다.

하지만 전혀 다른 분야의 사람들을 만나게 되면 이야기는 다르다. 그들은 경쟁의 구도 안에 있지 않고 협력관계로 작용한다. 서로의 애로점을 치유하고 격려하고 도우려는 협력자의 관계가 되는 것이다. 내가 가진 문제점을 전혀 다른 관점에서 바라봐 주고 색다른 해결점과 대안의 열쇠를 마련해 주는 계기가 될 것이다. 나는 이러한 방법으로 나의 문제점들을 개선해 나가고 있다. 같은 분야에 있는 사람들 역시 더 나은 해결점과 발전을 주는 여지를 제공해 주겠지만 대부분 그렇지 못하다는 점을 경험과 체험을 통해 알게 되었기 때문이다.

같은 분야의 사람들은 동료이며 동시에 경쟁의 구도 안에 있기에 혹시 상처를 내보이게 된다면 이를 이용하려는 사람이 생길 수도 있을 것이다. 하지만 다른 분야의 사람들은 직접적으로 당신의 분야에 참여하는 경우가 적으므로 이와 같은 문제점들이 발생되지 않을 확률이 크다. 가고자 하는 목표와 방향이 다른 사람들이기 때문이다. 서로를 위하고 서로의 발전을 꾀하는 모임을 찾는 것도 하나의 방법이 될 것이다. 받은 상처를 어루만지는 치유의 장이자 새로운 도약의 발판과 아이디어를 얻는 동기부여가 마련되는 장으로 발전될 것이다.

이왕이면 같은 분야보다는 다른 분야의 사람들과 많은 교류를 하는 편이 서로에게 발전과 비전을 피드백해 주는 데 도움이 될 수 있다. 나는 이런 방법으로 문제점들을 해결하고 다시 새로운 힘을 얻으며 세일즈의 세계에서 마스터가 되기 위해 더욱 나를 진화시켜나가고 있다.

세계적인 성공자들, 마스터들은 일에 대한 고민과 해결점을 찾지 못하는 경우를 대비해 자신의 분야와는 전혀 다른 분야의 사람들과 교류를 했다고 알려져 있다. 헨리 포드와 에디슨 역시 이러한 교류를 통해 비즈니스와 연구 개발에서 상처를 받거나 고민을 서로 피드백해 주면서 일인자들이 되었다. 같은 길을 걷는 사람들끼리 모인 경쟁구도 안에서는 이와 같은 피드백이 이루어지는 경우는 드물다.

세일즈의 세계도 마찬가지다. 아무리 좋은 관계라고 하여도 엄연히 경쟁구도 안에서 뛰고 있는 사람들이기에 속내를 100% 드러내 보이기가 어렵다. 고객의 상담과 계약, 비즈니스에서 입은 마음이 상처를 온전히 풀어내기란 힘든 것이다.

나는 이 사실을 명확히 알게 되면서 내가 있는 분야가 아닌 전혀 다른 분야의 사람들과의 만남을 시작했다. 모든 것을 내려놓고 새로운 아이디어와 에너지를 받는 소중한 시간이 되었다. 대기업의 임원에서부터 경찰, 음악인, 화가, 스피치 강연가, 정치가 등 나와 전혀 다른 분야의 사람들을 만나면서 사람에게 받은 상처를 치유할 수 있었고 새로운 힘을 충전할 수 있는 기회를 만났다.

사람 때문에 실행이 어려운 사람에게 이와 같은 방법을 권하고 싶다. 대부분의 사람들은 익숙한 것에 만족을 하거나 편안함을 느낀다. 같은 분야의 사람들을 만나면 모두 아는 이야기를 할 수 있고 스트레스 받거나 긴장하지 않아도 시간을 보낼 수 있기에 어려움을 느끼지 않는다. 하지만 발전은 기대할 수 없다.

새로운 만남은 긴장과 스트레스를 가져올 수 있다. 하지만 처음의 이 실행력이 당신의 비즈니스와 당신의 인생에 엄청난 시너지를 불러온다고 한다면 도전해 볼 가치가 있는 것이다. 상처는 경쟁구도 안에 있는 사람들에게 약점으로 작용한다. 그러나 전혀 다른 분야의 사람들을 만난다면 이야기는 달라진다. 그들은 어떻게든 당신을 돕고 싶어 할 것이다. 이것이 사람의 마음이다. 누군가를 돕고 싶어 하는 마음, 그 도움은 자신에게 더한 만족스러움을 느끼게 된다. 자신을 가져보자. 새로운 세계로 뛰어들어 상처를 풀어내고 강력한 힘을 얻자.

받은 상처가 깊을수록 자신감은 떨어지기 마련이다. 이것은 꼬리를 물고 당신의 인생, 당신의 비즈니스를 전복시키려 할 것이다.

슬럼프를 이겨내는 방법 중의 하나는 내 울타리를 잠시 벗어나 새로운 사람들을 만나는 것이다. 그들은 당신의 인생을 도우려 할 것이다. 그들 역시 이 돕는 행위를 통해 자기 자신도 힘을 얻기 때문이다. 그러니 새로운 분야의 사람들과 교류하라.

달라지기 위한
실행의 리셋

《승자의 심리학(*The Psychology of Winning*)》의 저자 심리학자 데니스 웨이틀리는 인생이라는 경기를 치르는 사람들을 다음의 세 가지 유형으로 분류했다.

첫 번째 유형은 '구경꾼'으로, 대다수의 보통 사람들이 여기에 속한다고 한다. 그들은 인생이 그저 흘러가는 대로 구경꾼처럼 쳐다보기만 하는 사람들이다. 도전을 피하고 안정을 추구하려 애쓴다. 놀림당하거나 상처받지 않을까, 거부당하지 않을까 두려워서 새로운 것을 처음부터 시도조차 하지 않으려고 한다. 그들은 수동적인 인생을 산다. 매스컴에서 나오는 타인의 삶을 지켜보며 살아간다. 그들은 승리를 이루는 과정 속에서 반드시 겪어야 할 실패에 대한 두려움을 가지고 있다. 그렇기 때문에 적극적인 실행보다는 그저 TV 안의 세상을 바라볼 뿐이다. 스스로 수

동적인 역할을 자처하며 살아간다. 구경꾼의 유형은 자신이 떠안아야 할 책임에 대한 부담감이 크다. 승리자가 될 경우 자신에게 주어진 책임감, 모범적인 인생에 대해 부담을 느낀다. 결국 이들은 자신의 인생을 좀 더 적극적으로 도전하기 보다는 뒤로 한 발짝 물러나 바라보며 다른 사람들이 꿈을 성취하는 모습을 바라보기만 한다. TV나 매스컴 속의 연예인들을 바라보며 자신을 대신해 생각해 주고 결정해 줄 대상을 찾는다. 결정하지 않으면 그만큼 책임이 덜하다는 생각으로 살아가는 사람들이다. 그들은 스스로 책임을 지려 하지 않는 유형의 사람들이다.

이런 유형의 사람들은 우리 주변에 쉽게 볼 수 있다. 그들은 실패를 두려워한다. 아무것도 선택하거나 책임지지 않으면 실패할 일도 걱정할 일도 없다는 사실을 알기에 항상 누군가의 결정과 선택을 바란다. "이건 어떻게 해야 하죠? 어떤 걸, 무엇을 하면 좋겠습니까?"라고 당신에게 묻는 사람이 있다면 이와 같은 유형의 사람일 것이다. 그들은 자신이 내려야 할 선택을 당신에게 물을 것이다. 그리고 당신의 선택을 기다릴 것이다. 자신이 감당해야 할 책임을 당신에게 지어주기 위해서 말이다.

"목표를 설정하지 않는 사람들은 목표를 뚜렷하게 설정하는 사람들을 위해 일하도록 운명이 결정된다."

자기계발의 대가 브라이언 트레이시는 자신의 저서 《목표 그성취의 기술》에서 이와 같이 언급하며 '구경꾼'의 삶은 스스로 내리는 종신형과 같다고 했다.

두 번째 유형은 '패배자들'이다. 이들은 다른 사람과 비슷하게 생각하고 행동하기를 좋아한다. 자신의 생각보다 남들의 생각과 같은 생각과 결정을 내리면 인생의 스트레스가 덜하다는 것을 잘 알고 있다. 트렌드를 따르지 않으면 불안감을 느끼는 유형이다. 그러면서도 세상과 사람들을 바라보는 시선은 늘 부정적인 사람들이다. 남의 단점을 트집 잡고 비판하고 꼬집는 데 많은 시간을 허비한다. 패배자를 알아보기란 쉽다고 한다. 패배자들은 늘 어떤 상황이 벌어지면 마치 기다렸다는 듯이 "내가 그럴 줄 알았어!", "네 주제에 뭘 하겠다고…" 하며 자신과 남들을 비하하기 시작한다.

마지막 유형은 바로 '승리자들'이다. 그들은 자신이 원하는 인생을 정말 쉽게 성취한 듯 보이는 사람들로, "저 사람은 행운아야!", "타고난 재능이 있어서 그럴 거야!"라고 칭송받는 부류다. 그들은 자신의 인생에 대한 확실한 책임을 지고 있으며 남을 비난하지도 자신을 비하하지도 않는다. 또한, 자신이 목표한 바를 이루기 위해 온갖 실패도 감수한다. 그들은 누군가의 선택과 지시를 기다리지 않는다. 바로 실패에 대한 두려움을 돌파해 나가는 유형으로, 남을 비난할 시간에 자신을 수련하는 사람들이다. TV 속 다른 사람의 인생을 부러워할 시간에 자신의 내면을 바라보고 전진하며, 뼈를 깎는 노력을 하여 이룬 성취를 아무렇지 않게 쉽게 이룬 것처럼 산다. 그들은 자신의 인생에 책임을 지는 사람들이다. 승리자들은 자신만이 아니라 타인에게도 도움이 되는 목표를 세우도록 도움을 주고 그 목표를 성취할 수 있도록 돕는 유형의 사람들이다.

인간의 유형은 위와 같이 크게 3가지로 분류된다. 당신은 '구경꾼', '패배자', '승리자'의 인생 중에 그 어떤 것이라도 선택할 수 있다. 선택은 자유다.

《승자의 심리학》을 읽으며 내 자신을 독하게 리셋했다. 나는 인생에서 구경꾼의 삶을 살았던 적도 있었고, 패배자의 삶을 살았던 때도 있었다. 20대 시절 세일즈의 세계에 입문하기 전의 삶이 그러했다. TV에 등장하는 누군가의 멋진 인생을 마냥 부러워한 적도 있었다. 선택을 하는 데 있어서도 실패의 두려움이 앞섰기에 누군가가 대신 선택해 주었으면 하는 마음이 들 때도 있었다. '이건 내 책임이 아니야. 그 사람이 선택했기 때문에 이런 결과가 나온 거라고.' 선택의 결과가 좋지 않으면 그 결과의 책임역시 그 사람에게 돌리기 바빴다. 20대 후반 세일즈 분야에 발을 들여 놓으면서 그동안 나약했던 내 자신을 깊이 되돌아보았다. 구경꾼의 삶도 패배자의 삶도 이 세계에서는 인정하지 않는다. 자신이 변하지 않으면 그 누구도 책임을 지지 않는 전투, 야생의 현장이기 때문이다.

"자신의 나쁜 습관을 바꿀 작은 행동의 변화조차 시도하지 못하면서 인생의 꿈을 말하고 그것을 이룰 최선의 준비가 되어 있다고 주장하는 것은 공허한 수다에 불과합니다."

"저는 좋아하던 술, 담배, 골프, 유혹, 도박을 중단하고 더욱더 많은 시간을 확보할 수 있었습니다. 그것을 통해 제가 원하는 것을 할 수 있었죠."

《시골의사 박경철의 자기혁명》의 저자 박경철 의사의 말이다. 인생의 리셋을 위해 어떤 생각과 태도를 가져야 하는지에 대해 명확히 맥을 짚고 있다. 한 분야의 고수가 되려면 그에 상응하는 대가부터 받아들여야 한다. 인생의 승리자들은 자신이 원하는 것을 이루기 위해 기꺼이 대가를 받아들였다. 당신이 지금 원하는 것을 얻지 못하는 이유 중 하나는 그것을 위해 치러야 할 대가를 생각하지 않거나 마음에 담지 않고 있거나 받아들이려 하지 않기 때문이다. 한 분야에 일가를 이룬 고수들은 보통 사람들이 상상하지 못할 정도의 대가를 기꺼이 감수하고 감당했던 이들이다. 그 시점부터 인생의 리셋은 시작되는 것이다.

"인생은 죽을 만큼 절박한 삶의 가치 앞에서만 리셋된다."

영국의 소설가 길버트 체스터턴의 말이다. 무엇이 이루어지기만을 기다려서는 안 된다. 당신이 정말 원하는 것이 있다면 자신의 모든 것을 걸고 인생의 재부팅, 리셋을 시작해야 한다.

"일인자가 된 사람, 최고의 상품, 명품에는 그만의 아우라가 있습니다. 그것은 평범하지 않은 고민과 지속적인 노력이 끊임없이 쌓여 완성된 결정체입니다. 그 깊이는 매우 깊고 무겁습니다. 광채를 냅니다. 그 자리에 오른 사람은 오직 한 가지를 완전하게 마스터한 고수이기 때문입니다."

피터 드러커의 말처럼 자신을 통제하고 리셋하고 자신을 넘어선 사람이 가장 강한 사람이다. 누가 지금 가지고 있는 평온함을 버리고 싶겠는가. 하지만 리셋이라는 마중물이 없다면 변화는 일어나지 않는다. 고만고만한 인생을 살게 될 뿐이다. 매년 1월이 되면 사람들은 다짐한다. "올해는 반드시 이루고 말거야!" 하지만 어떤가. 3개월도 채 지나지 않아 다시 제자리로 돌아오지 않던가. 누군가는 자신을 리셋하여 새로운 인생을 살아가고 또 다른 누구는 10년 전이나 지금이나 전혀 달라지지 않는 인생을 살고 있다. 이런 변화에는 고통과 희생이 따른다. 우리 안에는 변화를 원하지 않는 관성이 있기 때문이다. 지금까지 습관적으로 살아왔던 관성을 깨는 것이 바로 리셋이다.

독서에서
실행의 힘을 얻는다

"**나**는 어린 시절부터 언제나 정확히 시간을 정해놓고 글을 읽었다. 병이 났을 경우를 제외하고는 정해놓은 글 읽기를 반드시 채웠다. 임금이 된 후에도 이를 멈추지 않았다. 저녁에 신하들을 만난 후에도 촛불을 켜고 깊은 밤까지 책을 읽고 나서야 편안하게 잠자리에 들었다."

정조는 엄청난 독서가로 알려져 있다. 《태종실록》에 따르면 정조는 신하들에게 책을 읽는 과정과 구체적인 방법까지 만들어 실행하도록 독려했다고 한다. 신하들이 도저히 바빠서 책을 읽을 시간이 없다고 하소연을 하자 그는 이렇게 말했다고 한다.

"정사 업무를 보느라 시간이 부족하겠지만 하루에 한 편도 글을 읽지 못하겠는가? 바쁜 일과 중에 시간을 쪼개어 책을 읽고자 한다면 하루의 정확한 목표와 양을 세워서 매일 규칙적으로 해 나가야만 한다. 이렇게 실천하면 일 년이라는 시간 동안 몇 질의 책을 읽고도 남을 것이다."

이 말을 들은 신하들은 더 이상 정조에게 시간이 없다는 핑계를 대지 못했다고 한다. 실행의 힘을 독서로 얻기 전에는 정조의 말을 믿지 못했다. 새벽에 일어나 하루 미팅 계획을 세우고 아침부터 늦은 저녁까지 고객을 만나 후 집으로 돌아오면 파김치가 되고 만다. 행여나 미팅에서 실패를 겪고 난 날이면 더욱 피곤이 겹쳐 쉬는 것도 쉬는 것이 아니었다. 그저 '한 나라의 위대한 왕이 배부른 소리를 하고 있구나' 하는 생각뿐이었다. 오히려 정조를 모시던 신하들이 얼마나 힘들었을까, 하는 생각마저 들었다. 업무는 업무대로 해야 하고, 왕이 책을 읽으라니 읽긴 읽어야겠고. '당신은 왕이니까 그렇게 속 편한 소리를 하고 있는 거야!'라고 반기를 들고 싶은 마음도 들었을 것이다.

어느 해인가 고객에게 심한 소리를 듣고 마음의 상처를 받은 적이 있었다. 마치 일개 세일즈맨 주제에 어디 주제 넘는 소리를 지껄이고 있는 거야? 라고 말하는 듯 했다. 아무리 정확한 데이터와 자료를 보여 주고 정성을 다해도 일은 뜻대로 풀리지 않았고 스트레스만 더해 갔다. 깊은 슬럼프를 겪는 동안 마음을 다잡을 곳이 필요했고 그렇게 우연히 찾게 된 곳이 아이와 주말에 자주 가던 도서관이었다.

처음에는 책을 읽으러 간 것이 아니었지만 그곳에서 우연히 지그 지글러, 데일 카네기, 브라이언 트레이시의 책들을 만났다. 몇 장을 생각 없이 들춰 보던 내게 그들이 바쁜 시간을 쪼개어 왜 날마다 책을 읽는지, 무엇 때문에 독서를 하고 있는지에 대해 설명해 주었다.

특히 브라이언 트레이시는 '책 속에 당신이 당면한 문제와 인생을 바꿔 놓을 만한 아이디어가 담겨 있다'고 이야기했다. '가장 중요한 것은 우리가 겪고 있는 모든 문제는 어딘가의 누군가가 이미 해결한 문제다'라는 말이 심장에 꽂혔다. 과연 종이로 만든 이 책이 내 인생의 모든 문제를 풀어줄 수 있는 열쇠가 된다고? 도저히 믿을 수가 없었다. '문제를 해결한 그 사람의 이야기를 글로 읽을 수만 있다면, 그가 찾은 해답을 찾아보기만 한다면 당신도 그와 같은 문제를 명쾌하게 해결할 수 있다'라는 말과 같았다. 호기심과 궁금증이 일어나 단숨에 브라이언의 책을 읽기 시작했다. 그만큼 나는 절박했다. '과연 내가 세일즈의 세계에서 살아남을 수 있을까?'라는 불안감으로 하루하루를 보내던 시기였다.

그의 말에 따르면 성공한 사람들은 언제나 새로운 아이디어와 정보를 책에서 찾아냈다고 말했다. 대학교수나 컨설턴트가 책상에 앉아서 써내려간 책과는 거리를 두라고 조언하고 있었다. 실무의 생생한 현장에서 발로 뛰고 실행하며 직접 체험한 내용이 아니라 단지 통계와 데이터, 이론으로 접목된 책에서는 내가 필요로 하는 것을 찾아내지 못한다는 것이었다. 정말 유익한 책은 자신의 분야에서 발로 뛰어가며 실패와 성공으로 피와 땀으로 만들어진 전문가들의 책, 이미 검증되고 실용적인 책이 실행의 힘을 더해 줄 것이라고 조언했다.

'책을 읽는 데 목적과 목표가 필요하다? 책에서 아이디어와 정보를 캐낸다?' 정말 생소한 말이었다. 하지만 한 분야에서 20년이 넘게 내공을 쌓아온 사람이 책에 담아냈을 것이라 생각하니 타당성이 있어 보였다. 그는 자신의 인생과 일에 신기원을 마련해 줄 하나의 아이디어를 찾기 위해 100개의 아이디어를 살펴봐야 한다고 조언했다. 바로 그 방법 중의 하나가 '실용독서'라는 것이었다. 그가 자신의 저서에서 밝힌 '실용독서의 기술'은 이러했다.

【실용독서】

1. **책을 읽는 목표를 명확히 설정해라.**
   그곳에서 아이디어와 정보를 캐내는 것이다.
2. **키포인트만 찾아서 정확히 읽어라.**
   책 한 권을 모두 읽으려면 몇 시간이 걸리지만 키포인트만 찾아서 읽게 되면 한 시간도 걸리지 않는다.
3. **한 차례 빨리 읽고 다시 처음으로 돌아가 가장 중요한 아이디어를**

타이핑해 둔 후 메모했던 핵심내용을 다시 읽어라. 이렇게 하면 책을 통해 아이디어를 수집하고 배우며 익히는 속도가 놀랍게 빨라질 것이다.

또한 그는 평소 속독법을 훈련하고 연습하여 아이디어와 정보를 축적하는 습관을 들이라고 말한다. 스스로 OPIR(대강 보고, 미리 보고, 깊이 보고, 다시 보기)라는 원칙을 세워 비즈니스의 능률을 높였다고 했다.

【대강 보기】

1. 책을 구입하고 본격적으로 읽기 전에 가장 먼저 책표지와 뒤표지를 읽는다.
2. 저자 약력을 읽고 그가 말하는 내용을 정말로 알고 있는 사람인지 파악한다.
3. 목차를 살피면서 흥미로운 효과적인 아이디어와 정보가 있는지 살피고 채집한다.
4. 부록과 색인을 보면서 책을 쓴 저자가 어떤 분야에서 정보를 얻어 이 책을 집필했는지 분석한다.

정보와 가치, 아이디어가 넘치는 책이라고 판단되면 다음 단계로 넘어간다.

【미리 보기】

1. 책을 펼치고 처음부터 끝까지 읽어 나가되 한 번에 한 페이지씩 전체를 보며 읽어나간다.
2. 각 장과 절의 제목을 읽고 두 문단을 동시에 읽으며 저자의 집필스타일을 파악한다.
3. 저자가 집필한 책이 공감력이 있는지 체크한다.

대강 보기와 미리 보기의 단계를 거치고도 이 책이 마음에 든다면 자신에게 질문을 해본다. '왜 그렇지?'라는 질문을 스스로에게 하면 책에서 얻을 수 있는 가치와 책 안에 담긴 정보, 아이디어를 활용하는 실행 방법을 생각하게 된다.

【깊이 보기】

1. 가장 관심 있는 부분부터 읽기 시작해서 더 이상 읽을 흥미가 없을 때 멈춘다.
2. 베스트셀러라도 당장 필요하다고 느껴지는 부분까지 읽은 후 멈춘다.
3. 책에 담긴 정보가 자신에게 쓸모 있는 경우에는 기억을 하지만 그렇지 않은 경우에는 그 내용을 잊어버리는 것이 우리의 두뇌이다.
4. 가능한 한 책 안에 자신의 생각을 기록하고 중요 내용을 많이 체크해 둔다.
5. 핵심 내용은 나중에 아이디어와 정보를 다시 찾아볼 때 쉽고 유용하도록 동그라미, 느낌표, 인용 부호 등으로 기록해 둔다.

【다시 보기】

1. 아무리 머리가 좋은 사람도 책의 내용을 완전히 흡수하기 위해서는 여러 번 읽어야 한다.
2. 하지만 앞서 책 안에 키워드 방식, 요점 방식으로 아이디어와 정보를 기록해 놓는다면 최단시간에 여러 권의 책에서 동시에 핵심 내용을 파악할 수 있으며 아이디어와 정보를 활용할 수 있을 것이다.

공병호 박사의 저서 《운명을 바꾸는 공병호의 공부법》에서도 그는 자신만의 독서법을 이야기하고 있다. 그는 책 읽기가 단지 단순한 즐거움을 찾는 데 머무르지 않고 분명하고 확실한 지향점을 가지고 있다고 말한다.

"저의 책 읽기는 단순한 즐거움이 전부는 아닙니다. 분명한 지향점이 있죠. 책 읽기에서 정보나 지식 그리고 사례를 찾는 데 집중합니다. 마치 보물찾기 하듯이 말이죠. 독자 중에는 동의하지 않는 사람들도 많겠지만 저는 시간 보내기 녹서나 녹서 그 자체를 위한 독서를 별로 좋아하지 않습니다."

그는 강연을 위해 이동할 때도 가방 속에 두세 권의 책을 항상 지니고 다니며 역전, 공항, 지하철 안에서도 어김없이 책을 펼쳐 읽는다고 했다. 공병호 박사는 강연을 위해 비행기를 타고 가면서 몇 권의 책을 집필하기도 했다. 실행의 대가이기도 한 그는 책읽기의 백미는 바로 읽은 내용을 활용하는 것이라고 설명하고 있다.

한두 시간 투자해 그저 '잘 읽었다'라고 여기기보다 읽은 내용을 자신의 분야에서 어떻게 적용하고 유익하게 활용할지를 생각해 보라고 조언하기도 한다. 그는 《핵심만 골라 읽는 실용독서의 기술》이라는 저서를 통해 일반 독서가 아닌 실용독서가 실행에 있어 얼마만큼 효용가치와 강력한 힘이 되는지 말해 주고 있다.

조선의 왕 정조, 지그 지글러, 데일 카네기, 브라이언 트레이시, 그리고 공병호 박사 모두 공통된 말을 하고 있다. 그동안 우리가 독서라고 알고 있던 책 읽기와는 전혀 다른 관점으로 실용적인 독서를 하고 있었던 것이다.

당신의 분야에서 일인자가 되고 싶은가? 그렇다면 이미 성공을 이룬 사람들의 독서법이 무엇인지 알아야 한다. 그들은 책을 실용의 도구, 실행의 도구로 삼았다. 그저 한 번 읽고 마는 책이 아니라 자신의 생존무기, 궁극의 필살기로 만든 것이다.

나 역시 세일즈의 관점, 인생의 관점을 바꾸게 된 계기가 바로 독서였다. 책 읽기가 없었다면 지금의 내 위치, 내 필살기도 만들기 어려웠을 것이다. 자신만의 길을 가고 싶다면, 내가 일하는 분야의 일인자가 되고 싶다면 그들이 했던 것처럼 따라 해보는 것이다. 나는 '따라 해보기' 만으로도 과거와는 전혀 다른 실적, 성과, 인생의 전환점을 맞이했다. 틈이 나는 대로 어떻게든 책을 읽었고 그 안에서 아이디어와 정보를 채집하여 내 것으로 만들기 위해 노력했나. 그 노력이 쌓이면서 성과는 급속히 올랐고 인생 역시 변화하기 시작했다. 놀랍지만 그것은 정확한 사실이다.

공병호 박사는 그의 저서에서 '공부 외에는 답이 없다'라고 단호하게 말하고 있다. 그가 말하는 공부는 단지 입시를 위한 공부, 취업을 위한 공부가 아니다. 생존을 위한 절실한 공부, 즉 생존독서, 실용독서를 이야기하고 있는 것이다. 당신은 생존을 위해 책을 읽어본 적이 있는가?

일곱.

고 신 얼 자

孤臣孽子

실행은 역경을 이기고
아름다움을 준다

우리네 삶은
원래 그렇다

20대 초반으로 보이는 한 남성이 안마기가 구비된 욕조에서 샴페인을 들고 멋지게 웃고 있다. 금 목걸이에 금팔찌, 8개의 금반지까지 누가 봐도 꽤나 잘사는 젊은 청년 같다. 그는 영국인으로, 이름은 마이클 캐롤이다.

그는 불우한 환경에서 자랐지만 2002년 19세 때 164억 원 상당의 복권에 당첨되어 일순간 벼락부자가 되어 세간의 화제가 된 인물이다. 그는 주변 사람들에게 화끈하게 68억 원을 선물하고 부자의 삶을 만끽하기 시작했다. 호화저택을 구입하고 고급 자동차를 범퍼 카 놀이하듯 몰고 다녔다. 그렇게 10년 동안 음주, 도박, 매춘, 마약으로 보내다 2012년 2월 결국 파산신청을 하고 말았고, 지금 그는 실업수당을 받는 처지에 놓여 생계를 위해 과자공장에서 일하며 주당 32만 원을 받으며 살고 있다.

'왕관을 쓰려는 자 그 무게를 견뎌라.'

셰익스피어의 희곡 문구를 차용해 만든 모 드라마의 부제로, 큰돈을 쥐게 되어도 그걸 견뎌내지 못하면 오히려 불행하다는 뜻을 담고 있다. 이 세상 모든 사람들이 부러워하는 사람은 저마다 역경과 위기를 겪어냈다. 역경과 위기야말로 왕관을 쓰게 해준 근육이었던 것이다. 마이클 캐롤은 근육을 키우지 못한 채 왕관이 주어진 경우였다.

이 세상에 고난과 역경 없이 성공한 사람이 있을까? 나는 그러한 인생을 단 한 번도 본 적이 없다. 인간의 본성은 어려움과 두려움을 피하려 한다. 쉽고 편한 인생을 살기를 소원하는 게 본성이라는 뜻이다. 사람들은 하늘에서 뚝 떨어진 기막힌 행운을 바라는 마음에 복권을 사고 도박에 빠지기도 한다. 보다 쉽게 성공과 돈, 행운을 거머쥐고 싶은 생각에서 비롯된 행동일 것이다. 하지만 복권처럼 쉽게 떨어지는 인생은 없다. 무엇을 하더라도 도전과 실패, 그리고 경험이 선순환 되어야만 행운도 다가오는 것이다. 준비되어 있지 않으면 행운도 행운이 아니다.

거절과 실패를 통한 좌절 속에서도 분명히 배울 점이 있다. 다만 스스로의 의식이 부정적으로 흐르느냐 긍정적인 방향으로 전환하느냐에 따라 미래는 극적으로 달라진다. 이 세상의 삶은 원래 그렇다. 진보와 퇴보의 차이는 고통의 벽을 돌파하느냐, 그대로 포기하느냐에 달려있는 것이다.

"인간은 습관의 묶음이다."

《자조론》,《인생을 최고로 사는 지혜》를 펴낸 세계적인 자기경영의 대가이자 자기계발의 원조라 불리는 새뮤얼 스마일스의 말이다. 그가 전하는 메시지는 정말 간단하면서도 명쾌하다. 우리는 흔히 일상의 습관들을 사소한 것으로 치부하거나 의식하지 않고 살아간다. 하지만 우리의 생각은 목표의 방향을 재설정해 주는 가장 중요한 역할을 한다. 당신이 실패의 벽을 만났을 때 그 자리에서 좌절하거나 무릎을 꿇고 부정적인 생각으로 가득 차 있다면 이미 모든 상황은 끝나 있는 것이다. 다음 경기에서도 실패할 것이라고 스스로에게 선언하고 있는 것과 같다. 실패의 벽을 어떻게든 넘어서려고 발버둥치는 순간 상황은 역전되고 당신의 다음 경기 또한 승리를 거머쥘 확률이 높아지는 것이다.

사람들은 일상적으로 하고 있는 수많은 생각, 습관 들을 사소한 것으로 치부한다. 그렇기 때문에 그다지 의식적으로 전환하고 바꾸려는 시도와 노력을 들이려 하지 않는다. '이건 모두 안 좋은 상황 때문이었어. 나는 뭘 해도 안 되는 인간이야' 하며 자신을 질책하고 비하한다. 다시 새뮤얼 스마일스의 말을 들어보자.

"처음의 습관은 거미줄처럼 힘이 없다. 하지만 일단 몸에 흡수된 이후에는 강력한 쇠사슬 같은 구속력을 발휘한다. 마치 하늘에서 내려오는 눈송이처럼 별것 아닌 듯이 보이지만 일단 쌓이고 쌓이기 시작하면 그 눈송이들이 거대한 눈덩이와 눈사태를 만들어낸다."

인간에게 주어진 삶은 항상 평탄하지 않다는 것을 가장 먼저 받아들이는 태도와 훈련이 필요하다. 그 상황을 받아들이게 되면 내면을 바꿀 수 있는 힘이 생긴다. 나 역시 그랬다. 초보 세일즈맨 시절 고객을 만나거나 비즈니스를 펼쳐나갈 때 어김없이 '이 상황은 내가 원해서 만든 상황이 아니야. 그 사람 때문이라고'라는 말을 무의식적으로 자주 사용했다. 고객과의 상담이 제대로 잘 이루어지지 않는 날이면 더욱 상황을 비난하고 실패의 원인을 다른 사람들의 탓으로 돌리기에 바빴다. 그런데 그런 이후에는 한동안 계속하여 꼬리를 물고 상황은 더욱더 꼬여가기만 했다. '왜 내게는 다른 사람들처럼 비범한 재능과 재주가 없는 것일까?'만을 생각했다. 한마디로 부정적인 늪에 빠져있었던 시기였다. 그 시기에 만난 책이 새뮤얼 스마일스의 《자조론》이었다. 인생은 원래 그러하다. 자신에게 닥친 모든 상황은 타인의 잘못이 아니라 바로 나, 자신의 문제다. 바로 지금 하고 있는 생각이 모든 것을 결정한다는 것이다. 가난한 인생을 바꾸고 싶다면 자신의 의식과 습관부터 바꾸라는 것이다. 그 당시 나는 앞으로 펼쳐지게 될 인생에 오르막과 내리막이 있다는 사실을 솔직히 받아들이고 인정하기 어려웠다.

《긍정의 심리학》의 저자 마틴 셀리그만은 인생과 행복에 대해 이렇게 말하고 있다.

"진정한 인간의 행복은 몰입과 의미 찾기이며, 긍정적 감정의 조합이다."

자신이 지금 당장 할 수 있는 것에 집중하고 몰입하는 것, 다른 누군가의 지시가 아닌 스스로 질문을 던지고 해답을 찾기 위해 무조건 실행하는 습관이 가까운 미래, 인생의 방향과 행복을 결정한다고 말하고 있다. 우리는 삶을 그저 어제 살아온 그대로의 습관처럼 살아가기도 한다. '인생은 밀림 속의 동물원'이라고 했던 미국의 소설가 피터 드 브리스의 말처럼 우리에 갇힌 채 그날이 그날인 것처럼 말이다.

역경과 고난이 없는 인생은 그 어디에도 존재하지 않는다. 작든 크든 인간이라면 누구나 자신에게 주어진 환경 속에서 역경과 고난을 마주하게 된다. 부자든 가난한 사람이든, 평범한 사람이든 누구에게나 말이다. 그 상황을 마주하는 태도, 관점, 실행력에 차이가 날 뿐이다.

수많은 시련과 거절, 실패 속에서도 다시 일어나 성공을 거머쥔 사람들의 이야기를 들어보았을 것이다. 그들의 인생과 성공에는 뜨거운 눈물, 절벽 끝까지 밀려나간 역경과 고통, 가슴 아린 도전과 열정이 담겨 있다. 누구나 똑같은 상황을 만나지만 누구나 똑같은 결과를 만들어내지 못한다. 자신의 내면 안에 혁명의 폭풍이 일어나고 의식이 바뀌는 순간부터 인생은 달라지는 것이다. 습관을 통제하는 능력을 키운 사람들은 자신의 분야에서 일인자의 자리에 오른다. 그리고 습관에 지배당하는 자는 영원히 제로섬에서 탈출하지 못하게 되는 것이다.

"사람들은 항상 자신의 현재 위치는 자신의 환경 때문이라고 불평한다. 그러나 나는 환경 따위는 믿지 않는다. 이 세상에서 출세한 사람들은 자신의 자리에서 일어나 원하는 환경을 찾아 나섰다. 더러 원하는 환경을 찾지 못할 경우 그들은 자신이 원하는 환경을 스스로 만들었다."

세계적인 극작가이자 노벨문학상 수상자인 조지 버나드 쇼의 말을 되새겨 보자. 우리네 삶은 원래 그렇다. 뜻대로 되는 것 하나 없고, 시원하게 되는 것도 하나 없다. 그것을 당연하게 여기고 습관을 정비하다면 역경을 이기는 아름다운 생을 만들어 갈 수 있을 것이다.

보상은
먼저 만들어가야 한다

자동차를 몰고 휴대폰 매장, 가전제품 매장, 파출소 등을 하루에도 수없이 방문한다. 그러다 지친다는 생각이 들면 카페에 들르기도 한다. 여름이면 팥빙수를 먹고 겨울이면 따뜻한 커피를 마신다. 그리고 책을 읽으며 30분 정도를 보낸다. 그렇게 하면 다시 힘이 난다. 평일 대낮에 카페에서 잠시 책을 보는 건 영업 일을 하는 사람의 특권이며 열심히 일하고 있는 내게 주는 보상이다. 보상이 끝나면 다시 차를 몰고 움직인다. 그야말로 잠깐의 보상이다.

보상이 없다고 생각해보자. 하지만 보상이 없어도 열심히 하는 사람이 있다. 그들은 성인이다. 보상이 없어도 홀로 독야청청하듯 일하고 봉사를 한다. 하지만 문제는 우리는 성인이 아니라는 것이다. 성인이 되기 위해 노력하는 건 개인의 몫이지만 보상이 없다면 일하기도 실행하기도 힘들다. 하지만 실행에 방해가 되는 역경을 이기는 건 보상이다. 지금 스스로에게 보상을 주고 있는가 생각해보자.

고객과의 상담에서 행복한 계약과 실적을 올리는 날이면 오른손으로 왼쪽 가슴을 다독이는 습관이 있다. '그래, 해냈구나! 너 정말 대단해! 넌 다음에도 더욱더 멋지게 해낼 거야!' 남들이 보면 약간 정신 나간 모습으로 보일지 모르겠지만 내게는 의미 있는 행동이다.

다른 누군가가 해 주는 응원과 격려도 정말 많은 힘이 되겠지만 스스로에게 거는 자기암시는 더욱 놀라운 효과를 낸다. 한 분야에서 최고의 마스터 자리에 오른 사람들 역시 자신들만의 자기암시를 가지고 있다고 한다. 비즈니스 계약에 성공을 했을 때나 성취를 했을 때 자신만의 의식을 치른다고 한다. 나 역시 처음에는 이와 같은 행위가 정말 유치하고 쓸데없는 행동이라고 생각했던 적이 있었다.

'모두 꾸며낸 이야기겠지. 대기업의 최고 경영자들이 그런 유치한 행동을 하겠어?' 하지만 언제부터인가 생각이 바뀌었다. 그들은 보통 사람들이 생각하고 바라보는 관점과는 전혀 다른 세계를 살고 있었고 일반인들이 유치하고 쓸데없다고 치부하는 것들을 행하고 있었다. 자신에게 선물하기, 왼쪽 가슴에 손을 대고 토닥이기와 같은 행동은 모두 성공을 이룬 사람들에게서 공통적으로 나타난 행동으로, 그 놀라운 효과를 그들은 이미 알고 있었다는 것이 놀랍기만 하다.

나는 스스로에게 주는 선물과 더불어 당신에게 아낌없는 응원을 하는 모임에 참석하여 사람들 앞에서 자신 있게 자신이 이룬 성과를 자랑해야 한다고 생각한다. 그것은 단지 성과만을 자랑하는 것이 아니라 다음의 목표를 향해 달려나갈 수 있는 강력한 힘으로 작용하기 때문이다.

대부분의 사람들은 누군가 자신보다 성공하고 있고, 탄탄대로를 걷고 있다고 느끼면 깎아내리기 바쁘다. 하지만 환경의 조건은 다른 사람이 만드는 것이 아니라 바로 내 자신이 만드는 것이다. 환경을 찾아가는 것은 바로 자기 자신이기 때문이다.

성공하는 사람들은 역경을 뛰어넘어 자신의 인생을 즐길 줄 안다. 그들은 바쁜 생활 속에서도 자신이 무엇을 할 때 행복해지는지 정확히 알고 있는 사람들이다. 정신과 마음을 새롭게 하면 모든 상황은 새롭게 변한다. 삶은 팽팽한 긴장감이 있을 때 더욱 박진감이 넘치고 흥미로우며 새로워진다. 역경을 돌파하여 이룬 성공을 사람들에게 나누어주고 베풀 때 그 진가와 빛을 발한다. 만약 당신의 분야에서 성과를 이루었다면 마음껏 자랑하고 그것을 즐기는 것도 분명히 도움이 된다. 당신 주변의 사람들이 어떤 생각으로 당신을 대하고 있는지 호불호가 명확히 나누어지기도 할 것이다.

나 역시 그랬다. 그동안 알지 못했던 사람들의 생각과 마음을 들여다보는 과정에서 명확히 알게 되었다. 내게 냉소와 비난을 퍼붓는 사람도 있었고 질투를 하는 사람도 있었다. 하지만 그 중에서도 진정으로 나를 응원해 주고 격려해 주고 기쁨을 함께 나누는 진정한 동료가 있다는 것을 알게 되었다.

모임에서도 마찬가지다. 당신은 당신이 이루어 놓은 성취를 100% 즐겨야 한다. 겸손의 시대는 막을 내렸다. 지금은 자신을 알리고 당당히 드러내 자신만의 브랜드를 만들어내야 하는 시대다. 그러니 자신을 격려하고 다음 목표를 향해 더욱 뜨겁게 전진해 나가고자 한다면 자신에 대한 보상은 반드시 있어야 한다.

뉴욕 중앙철도회사의 사장을 역임했던 프레더릭 윌리엄슨은 한 인터뷰에서 자신의 성공비결을 이렇게 말했다.

"성공비결이요? 사람들이 잘 깨닫지 못하는 것이 있죠. 성격이 조급하고 안달하는 사람들은 성공하기가 어렵습니다. 그런 사람들은 늘 소극적이고 해보지 않았던 일에 두려움을 갖고 있죠. 도전을 잘 하지 않아요. 하지만 성공하는 사람들은 늘 마음의 여유가 있죠."

마음의 여유를 갖는다는 것은 삶을 즐기고 있다는 것이다. 자신이 원하는 한 가지에 몰입하고 있으며 그것을 즐기는 여유와 행복을 느끼고 있다는 것과 같다. 그들의 삶은 매우 단순하다. 오직 한 가지에 몰입하고 성취를 이루고 그 상황을 즐기며 다음 목표를 향해 뛰어나간다. 대부분의 사람들은 삶을 매우 복잡하게 여기거나 마음의 여유 없이 조급해 한다. 그들은 자신의 일을 즐길 여유와 시간이 없다고 불평한다. 과연 그럴까? 복잡하게 사는 인생의 근본적인 원인은 마음의 불안감으로부터 시작된다고 성공을 이룬 많은 사람들은 이야기한다. 이 시대의 명인, 명장, 고수, 마스터가 된 사람들은 자기 자신을 격려할 줄 알았던 인물들이다. '그래 넌 할 수 있어!'라고 끊임없이 자신에게 응원해 주었던 사람들이다.

미국의 기업가 폴 J. 마이어는 대학을 중퇴하고 세일즈맨이 되었다. 하지만 늘 실패의 연속이었다. 그는 원인과 실행 방법을 찾기 위해 성공을 이룬 많은 사람들을 찾아다니며 성공의 비결을 묻고 또 물었다. 그리고 마침내 그들에게서 3가지 공통점을 발견했다.

1. 성공을 이룬 사람들은 열정을 나하는 사람들이다.
2. 뚜렷하고 강한 목표를 지녔다.
3. 늘 밝고 따스한 표정, 친절한 호감력을 개발했다.

정말 단순한 성공의 비결이다. 우리가 모두 잘 알고 있는 흔하디흔한 내용이다. 하지만 이 비결을 실천하고 있는 사람들이 과연 몇 명이나 될까? 이것을 즐기고 있는 사람은 과연 몇 명이나 될까? 지금 당장 '그래 넌 잘 할 수 있어!'라고 말하며 자신의 왼쪽 심장을 다독이며 격려하는 사람은 과연 몇 명이나 될까? 성공과 성취는 사람들이 생각하는 것만큼 멀리 있지 않다. 그것을 마음껏 자랑하고 즐기는 자에게 선물처럼 가져다주는 법이다.

실행으로 얻은 성공,
실행으로 나누어라

세일즈 초보 시절, 같은 분야에서 일하는 한 선배에게서 많은 도움을 받았다. 그 분이 아니었다면 지금의 내가 없다고 해도 과언은 아니다. 20대 시절 부푼 기대를 안고 무작정 뛰어든 이 세일즈 세계에서 나는 정말 많은 실패와 좌절을 겪어야 했다. 자신감이 넘쳤던 처음과는 달리 고객에게 심한 말들과 거절과 거부를 당하면서 포기하고 싶은 마음이 한두 번 든 것이 아니었다. 계약 성사 실적이 저조한 달이 되면 어김없이 회사의 면담이 시작되었고 스트레스는 더욱 쌓여만 갔다. 왜 세일즈의 세계가 강한 정신력, 강력한 실행력을 요하는 직업인지 새삼 뼈저리게 깨닫는 시기였다.

많은 사람들이 쉽게 뛰어들지만 몇 달 버티지 못하고 퇴사하는 이유를 알 수 있었다. 사람들은 세일즈에 대해 선입견과 고정관념을 가지고 있다. 그런 이유에서인지 백이면 백, 마음속에 경계의 벽을 치고 거부와 거절을 이미 준비하고 있다. 거절할 준비를 먼저 하고 세일즈맨의 이야기를 듣게 된다는 것이다. 이 사실을 모르고 뛰어든 초보 세일즈는 '자신감과 확실한 데이터만 있으면 나 역시 최고의 세일즈 마스터가 될 수 있다'라는 믿음으로 고객을 만나고 결국 쓰디쓴 실패를 맛보고 마는 것이다.

나 역시 선배의 조언을 듣기 전 이와 같은 일을 겪었다. 하늘 높이 충천했던 자신감은 온 데 간 데 없어지고 남은 것은 구겨진 자존심과 깊은 슬럼프, 회의감이었다. 몇 달 동안 제대로 된 실적을 이루지 못해 스트레스와 좌절감으로 괴로워하던 그해 겨울 터닝 포인트를 맞게 해 준 선배를 만나게 되었다.

"이제 포기하려고? 힘들면 그만 둬도 되지. 이곳에서 누가 자네를 말리는 사람은 없을 거야. 모두 그렇게들 이 세계를 떠나지. 하지만 인생에서 과연 쉽게 이룰 수 있는 것이 얼마나 될까? 그렇게 자네도 떠날 생각을 하고 있는 거야?"

휴게실 앞에 힘없이 앉아 있던 내게 선배는 자신의 초보 시절 이야기를 해 주었다. 자신도 사표를 던질 생각을 수백 번이나 해 보았다고 말해 주었다. 순간 뜨끔했다.

"누구나 이런 과정을 겪으며 성장하지. 이 과정이 고통스럽다고 해서 포기하고 돌아서는 사람들은 다시 원점으로 돌아가지만 마음을 다잡고 돌파하는 사람은 결국 이 세계의 일인자가 되는 거야. 세일즈 마스터, 바로 고수의 위치에 올라서게 되는 거지."

그리고 세일즈 세계를 돌파하는 데 필요한 몇 권을 책을 추천해 주었다. 그 선배 역시 초보 시절 지금은 세일즈 마스터가 된 선배로부터 추천을 받았던 책들이라고 했다. 답을 찾지 못해 방황하던 그 시절 빌 포터, 조 지라드, 브라이언 트레이시, 데일 카네기, 토니 로빈슨 등의 책들은 당시 나의 자존감을 회복시키는 결정적인 동기부여를 해 주었다. 그 책들이 아니었다면 좌절감에 빠져 있던 당시의 나는 이미 사표를 던졌거나 다른 일을 찾아 떠났을지도 모른다. 그만큼 고되고 고통스러운 시간들이었다. 역경을 이겨내고 세일즈계의 신화가 된 사람들의 이야기는 지금의 내가 있도록 해 준 소중한 자산이 되고 있다. 나는 이러한 경험을 통해 인생에서 누구를 만나고 어떠한 환경을 만나느냐에 따라 삶이 극적으로 바뀔 수 있다는 사실을 확실히 깨달았다.

그 선배는 자신이 실패를 경험했을 때 어떻게 다시 시작을 했는지 아낌없이 조언을 해 주었다.

"무작성 뛰어다니지 말고 미리 치밀한 계획을 세우고 전략을 세워야 해. 고객과 나를 만족시키는 최고의 결과를 이룰 수 있도록 도움을 주는 계획 말이지. 냉철한 생각과 철저하고 구체적인 계획도 없이 뛰어드는 것은 백이면 백 실패로 끝나고 말지. 고객에게도 소모적인 시간 낭비일 뿐이야. 고객의 소중한 시간을 빼앗아서는 절대 성공을 이루지 못해. 자신의 알은 스스로 깨나가야 해. 절대 남이 깨주거나 의지해서는 답이 나오지 않지."

선배는 '알은 자신이 돌파해 나가야 하는 하나의 세계다'라는 말을 해 주었다. 손가락으로 가볍게 누르면 깨질 것 같은 알도 그 속에서 알을 깨고 나오려고 하는 병아리에게는 목숨을 건 승부와도 같다. 누군가 그 알을 옆에서 깨주거나 부수어 주면 보다 쉽게 나올 수는 있지만 얼마 지나지 않아 세상 밖으로 나온 병아리는 닭이 되지 못하고 새는 독수리가 되지 못하고 죽고 만다고 했다. 그렇게 알은 스스로 깨고 나와야 한다. 그 알을 깨는 법을 배우고 실행하는 당사자는 바로 자신이다. 내게는 그 시절이 한없이 더디고 어둡고 긴 시간으로 기억된다. 자신의 껍질을 스스로 깨고 나와야 한다고 조언해 주었던 선배에게 깊이 감사한다.

'넘어지는 걸 두려워하면 결코 일어설 수 없다'라는 말이 있다. 인생에는 아무리 애를 써도 좀처럼 상황이 풀리지 않는 때가 있다. 당신은 그런 시기를 만났을 때 어떤 자세를 취하는가. 대부분의 사람들은 이런 시기를 만났을 때 크게 두 부류로 나뉜다. 그 상황을 피해가려고 하는 사람이 있는가 하면 정면으로 부딪혀 문제를 해결하여 돌파해 나가려고 하는 사람이 있다.

나는 내게 도움을 준 곳에서 봉사활동을 하고 있다. 의경을 전역한 후 한때 경찰에 대한 낭만이 있었기에 경찰과 검찰에 관련한 봉사가 있다면 달려간다. 특히 청소년 문제에 관심이 많아 검찰에서 청소년 관련 봉사가 있으면 꼭 참석한다.

그중에서도 청소년 멘토링 봉사가 있다. 한때 잘못된 길을 걸었던 청소년을 위한 멘토링으로, 그곳에서 만난 O군이 가장 먼저 떠오른다. O군에게 안타까운 것이란 그 나이에 받을 수 있는 부정적인 영향을 다 받으며 자랐다는 것이다. 집안의 가난, 부모님의 불화, 선생님의 멸시, 친구들의 왕따까지, 그런 이야기를 듣자니 너무나 가슴이 아팠다.

O군은 가출한 후 편의점에서 도둑질을 하다 잡혀 왔고, 가까이 사는 나와 멘토링이 맺어졌다. 처음 O군을 만났을 때다. 무관심한 표정으로 빨리 끝내고 싶어 하는 듯한 성의 없는 태도를 보였던 것을 생생하게 기억하고 있다. 처음에는 O군이 원하는 대로 해 주었다. 하지만 두 번째 만남에는 내 청소년기의 이야기를 해 주었다. 약간의 과장도 있었지만 비슷한 경험담을 이야기하니 O군이 웃음을 보였다. 그렇게 내 망가진 모습을 보여 주면서 O군과 친해졌다. 대화가 통하기 시작하자 과거의 나에 대한 많은 이야기를 들려주었다. O군은 부정적인 사회가 만든 2차 피해자라는 생각에 마음이 무겁지만 O군과 신로에 관한 이야기를 나누며 우정을 쌓아가고 있다.

나 역시 영업에서 최고가 되겠다는 꿈이 있었기에 실행력을 얻었다. 힘들어도 꿈이 있기에 현관문을 나섰고, 팔기 위해 아무 현관문이나 두드렸다. O군도 꿈이 있다면 실행하는 데 엄청난 추진력을 얻을 것이다. 지금은 그 꿈을 찾아주고 있다.

일곱
孤臣孼子

남들보다 강한 실행력을 가진 사람은 다른 사람보다 성공할 가능성이 높다. 그 실행하는 추진력과 용기 그리고 꿈꾸는 능력을 나누어주길 바란다. 사실 실행하는 방법을 나누어주는 것만큼 확실한 나눔도 없다고 생각한다.

임계점 이후를 생각하는
대전략의 눈

비행기는 하늘을 날아오를 때 약 80%의 연료를 소비한다고 한다. 일단 공중으로 날아 오른 후에는 그렇게 많은 연료가 필요하지 않다는 뜻이다. 우리의 삶도 그런 이치와 같다. 인생의 임계점을 넘기 위해서는 고난과 역경, 끊임없는 실행력이 요구된다. 죽을 만큼의 고통스러움도 따른다. 하지만 일단 임계점을 넘는 순간 모든 상황은 극적으로 바뀌기 시작한다. 인생의 바닥이라고 느꼈던 그 순간이 역전되는 것이다. 인생에 있어서노 어느 궤도에 진입하게 되면 더 이상 많은 에너지를 소비하지 않아도 충분히 비상하는 시기가 온다. 그리고 그동안의 많은 도전과 실패의 경험을 통해 체득한 노하우가 생겨 쉽게 다시 바닥을 치지 않게 되는 것이다. 행여나 바닥을 치는 경우가 생기더라도 보통의 사람들보다 더욱 빠르게 자신의 상황을 회복할 수 있는 방법을 찾을 수 있으며 다시 균형을 잡고 하늘 높이 비상할 수 있다.

그렇다면 성공한 사람들은 어떻게 이러한 인생의 균형감각과 노하우를 체득할 수 있었을까? 그것은 바로 실패를 뛰어넘는 실행력이었다. 그들은 자신 앞에 닥친 장애를 거둬내고 오직 목표만을 바라본 사람들이었다. 《리셋! 눈부신 탄생》을 쓴 김필수 작가는 그의 저서에 이렇게 언급하고 있다.

"당신의 눈앞에 장애물이 보인다면, 그것은 당신이 목표에서 눈을 뗐다는 증거입니다."

그가 강의를 할 때 자주 인용하는 문구라고 말한다. 인생의 장애물이 보인다는 것은 곧 목표에만 집중하지 않고 있다는 뜻이라는 것이다. 이 시대에 성공을 이룬 사람들의 공통점은 바로 이 명쾌한 한 문장으로 대변된다. 《크리티컬 매스》를 쓴 백지연 아나운서 역시 물이 끓어오르는 온도를 넘기 위해 고수들은 자신 앞의 장애물들을 의식적으로 바라보지 않았다고 했다. 오직 목표단 한 가지에 목숨을 걸었기에 마지막 1도가 채워졌고 일인자가 된 것이다. 몇몇의 사람들은 99도까지 도달했다가 장애물을 만나 결국 1도를 넘기지 못하기도 한다. 마지막 1%! 죽을힘을 다해 반드시 돌파하고 말겠다고 의지를 다지는 사람이 결국 인생의 승리자가 된다. 눈앞에 닥친 장애를 바라보지 않고 더 높은 곳,

더 먼 곳을 바라보며 거침없이 실행한 사람들이 결국 모든 것을 성취하게 되는 것이다. 이런 말을 하면 많은 사람들이 되묻는다. "그거야 저도 잘 알죠. 많은 자기계발서들이 하고 있는 말이잖아요. 그런데 막상 현실에 긴박한 상황이 닥치면 문제밖에 보이지 않는 걸요."

물론 맞는 말이다. 나 역시 그러했으니까. 죽도록 고생한 상담 계약이 완전히 무산되었을 때, 매월 부진한 실적으로 동료들 앞에서 상사에게 비수와 같은 쓴 소리를 들었을 때 과거의 나는 그 문제밖에 보지 못했다. '난 정말 안되는 인간인가 보다'라고만 생각했다. 세계적인 언론인 바바라 월터스는 한 인터뷰에서 "당신은 어떻게 성공하셨나요?"라는 질문을 많이 받았다고 했다.

"제 직업이 부러우신가요? 그렇다면 제 인생과 당신의 인생을 통째로 바꾸어 볼까요? … 저는 어린 시절 소녀가장이었죠. 파산하여 자신감을 잃어버린 아버지, 사회적 능력이 전혀 없는 어머니, 그리고 장애를 가진 언니가 있었습니다. 누구 하나 돈을 벌 수 없었죠. 모두 어린 제가 먹여 살려야 했습니다. 살기 위해, 밥벌이가 절실해 지금 이 자리까지 달려 왔습니다."

그녀는 지독한 현실 속에서 어떻게든 살기 위해 발버둥 치면서 오직 하나의 목표만을 바라보며 달린 것이다. 처음에는 먹고살기 위해 시작했던 일을 자신의 진정한 업으로 만들어 성공을 거머쥔 것이다. 당신도 살기 위해 일을 하고 있다고 말하고 싶을 것이다. 하지만 좀 더 깊이 더 멀리 바라보는 눈을 기르며 일을 해야 한다고 말해 주고 싶다. 바바라 월터스 역시 처음에는 가족의 생계를 위해, 먹고살기 위해 뛰었겠지만 어느 시점에 이르러 생계를 초월해 자신의 천직을 만든 것이다. 그 실행력이 없었다면 그저 평범한 직장인으로 끝을 맺었을 것이다. 일인자가 된다는 것, 고수가 된다는 것은 어느 시점에 다다랐을 때 자신의 업에 완전히 미치거나 완전히 몰입하는 사람들이다.

대부분의 사람들은 안정을 추구한다. 그래서 신의 직장이라 불리는 곳으로 가고 싶어 한다. 일단 진입을 하고 나면 일을 적당히 해도 해고될 염려가 없는 곳을 원한다. 하지만 어렵게 들어가는 순간 능동적인 버튼이 수동적인 버튼으로 전환되는 곳, 야생이 아닌 온실에서는 인생의 고수, 마스터가 탄생하기는 어렵다.

"행동이 자신감을 회복시킨다. 행동하지 않는 것은 두려움의 결과이자 원인이다. 행동이 성공을 보장한다. 어떤 행동이든 하는 것이 하지 않는 것보다 낫다."

노먼 빈센트 필 박사의 말이다. 스위스의 사상가이자 법률가인 카를 힐터 역시 '무엇보다 과감한 시작이 중요하다. 결심만 하지 말고 지금 당장 시작하라. 하염없이 생각만 하고 우물쭈물 하다가는 정신과 육체까지 병들어 버린다. 그리고 그것으로 인해 일

또한 방해를 받게 된다'고 조언한다.

'두 개의 화살을 갖지 마라. 두 번째 화살이 있으면 첫 번째 화살에 집중하지 않는다. 가장 무서운 것은 술에 취하는 것과 현 상황에 안주하는 것이다.' 일본의 교토 상인들의 계명이라 한다.

일단 실행을 했다면 브레이크를 밟아서는 안 된다. 브레이크에서 발을 떼고 엑셀러레이터만을 밟아야 한다. 정지와 가속의 페달을 동시에 밟게 되면 제아무리 성능이 좋은 자동차도 앞으로 나가지 않는다. 당신이 무언가를 결정하고 실행했다면 어떤 난관과 상황을 만나더라도 무조건 돌파하고야 말겠다는 의지를 다져라. 그리고 달리면서 생각하는 것이다. 인생의 가속이 붙었을 때 생각이라는 뇌관에 불이 붙기 시작하면 인생의 폭발력과 시너지는 증가한다. 실행 이후 어느 정도의 성과에 만족해서는 안 된다. 달리면서 생각하라. 대전략의 눈으로!

행동하는 사람은
언제나 소수고 언제나 앞선다

1817년 메릴랜드에서 노예로 태어난 한 남자가 있었다. 당시 노예제도는 사람들에게 내면 깊숙하게 공포감을 조성함으로써 그 체제를 유지하는 극도의 체벌방법을 썼다. 죽음을 넘나들며 노역을 강요당하는 노예의 신분임에도 불구하고 죽음을 불사하고 저항한 사람이 있었다. 그 남자의 이름은 바로 프레더릭 더글러스이다.

그는 극한의 상황 속에서도 읽고 쓰는 법을 익히기 위해 독학을 했다. "네가 감히 하찮은 노예주제에 글을 배우겠다고?" 이 일이 발각되는 날이면 어김없이 호된 처벌과 죽을 만큼의 매질을 당했다. 하지만 계속되는 체벌에도 목숨을 걸고 버티며 저항을 하는 그를 막지는 못했다.

스무 살이 된 더글러스는 탈출을 감행했고, 연고도 없는 북부

지방으로 탈출해 그곳에서 선도적인 노예해방론자가 되었다. 그는 그곳에서 나머지 인생을 편안하고 안락하게 살게 되었을까? 더글러스는 노예해방에 대한 연설을 하며 더 많은 일을 펼쳐나가고자 했지만 주변의 사람들은 그가 계속해서 순회강연을 통해 좋은 이야기를 되풀이해 주기를 바랐다.

"이제 적당히 하셔도 사람들은 당신의 말을 듣잖아요! 뭘 더 하시겠다고 일을 자꾸만 벌이시는 거죠? 문제만 더 커질 뿐이에요. 이제까지 해왔던 강연만 되풀이해도 충분해요!"

그는 사람들의 말을 듣지 않았다. 자신의 내면의 소리를 들으며 끊임없이 전진해나갔다. "답답한 인간! 적당히 해도 될 것을 계속 문제를 일으키고 있어!" 그와 함께 일을 도모했던 사람들은 반기를 들었고 그를 공격하기 시작했다. 그에게는 '적당히'라는 말이 없었다. 죽음을 불사하고 극한의 상황을 탈출했던 더글러스에게는 인생의 명확한 목표 '노예해방'이라는 사명이 있었기 때문이었다.

온갖 시련과 비난을 당하면서도 자신의 목표를 잊지 않았던 그는 마침내 독자적으로 반노예제 성향의 신문사를 설립했다. 그리고 얼마 되지 않아 사람들의 주목을 받았고 그것은 엄청난 성공과 목표를 이루는 시발점이 되었다.

더글러스는 인생의 단계 단계마다 고통스러운 역경과 죽음과 같은 시련에 부딪혔다. 죽도록 매질을 당하고, 목숨을 건 탈출을 하였으며, 동료들의 비난, 분노에 직면했다. 그가 순간 순간 만났을 두려움과 공포가 어떠했을지 생각만 해도 끔찍하다. 하지만 그는 두려움을 정면으로 마주했고, 죽음 역시 대담함으로 돌파해 나갔다.

그가 만약 자신에게 처해진 운명을 그대로 받아들였다면 어떻게 됐을까? 죽을 때까지 누군가의 종, 짐승만도 못한 노예의 신분으로 생을 마쳤을 것이다. 하지만 더글러스는 스스로에 질문을 던졌고 자신이 무엇을 해야 하는지 목표를 정확히 설정했다. 운명도 죽음도 그를 막지 못했다. '성공은 곧 목표다'라는 말이 있다. 보통과 비범의 차이는 바로 '목표'에서 판가름이 나는 것이다. 다른 차이는 없다. 자신의 전부를 걸고 전진할 수 있는 목표가 당신에게 있다면 당신 역시 반드시 비범한 사람이 된다.

"저렇게 허약해서 무엇 하나 제대로 할 수 있겠어?"

"잔병치레도 많고 자주 병원에 입원하는 저런 약한 몸으로 사회생활이나 할 수 있을까?"

사람들은 한 아이를 두고 이런 이야기를 했고 이 경험으로 인해 그 아이는 자신의 인생을 통제한다는 느낌을 주는 모든 것들을 두려워하기 시작했다. "얼굴만 반반하면 뭘 해. 힘도 없고 병약해 보이고 연약해 보이는 걸." 사람들은 아이가 청년이 된 후에도 힘이 되는 말들을 해 주지 않았다. 청년은 자신에게 주어진 나약한 운명과 연약한 외모로 모든 것을 단정 짓는 사람들의 평가를 뒤집고 싶었다. '내가 이 상황을 그대로 받아들인다면 평생 사람들은 나를 과소평가할 것이고, 개선되지 않은 채 끝없이 지속될 것이다'라는 생각을 하기 시작한 것이다.

청년은 '그렇다면 나는 지금 당장 무엇을 해야 하는가?'를 고민하기 시작했으며 곧 결론을 얻었다. '내가 내 자신을 재창조하겠어! 사람들이 나를 평가하는 것이 아닌 내가 보여 주고 싶은 이미지를 만들어 내겠어!' 그는 자기 자신을 엄격하게 통제해 나가기 시작했고 자신이 원하는 이미지를 만들기 위한 과정에 돌입했다.

"그런 허약한 몸으로는 군대에 입대할 수 없네!"

"우리 해군이 그렇게 만만해 보이나?"

그는 제2차 세계대전이 발발한 후 갖은 노력 끝에 해군에 입대했다. 사람들에게 자신이 원하는 다른 인식, 다른 면을 보여 주기로 결심한 것이다. 그가 대위로 복무하고 있을 때 어뢰정이 일본군 함정에 들이받혀 두 동강나는 일이 벌어졌다. 그는 죽음을 불사하고 부하들을 안전하게 이끌었다. 자신만의 뚜렷한 목표, 바로 자신을 바라보는 사람들의 인식을 뒤집어 자신이 원하는 사람이 되고자 하는 강렬한 목표를 지니고 있었기에 가능한 일이었다. 평소와는 다르게 냉철한 판단과 즉각적인 행동으로 부하들을 살려낸 것이다.

"당신은 그 현장에서 죽을 수도 있었습니다! 어떻게 그러한 대담한 행동을 할 수 있었죠?" 그는 이 용감한 행동 덕분에 수많은 훈장을 받았고 이 일은 사람들의 인식을 변화시키는 계기를 만들었다. 그야말로 사람들의 인식을 전복시키고 자신이 원하는 이미지로 새롭게 재조명받게 된 것이다.

그가 바로 미국의 전설적인 대통령 존 F. 케네디다. 그 후 1946년 그는 자신이 원하는 새로운 이미지로 선거에 출마했고 '전쟁터에서처럼 대담하게 유권자들을 위해 싸울 수 있는 젊은이'라는 인식을 심어주며 자신을 재창조했다. 또한《용기 있는 사람들》이라는 저서로 퓰리처상을 수상했으며 사람들이 그에게 갖고 있던 불안, 불신감을 일제히 바꾸어버렸다. 그는 자신이 의도한 인생을 살기 위해 목숨을 걸었다. 스스로의 인생을 통제하고 운명마저 바꾸어 버린 것이다.

행동력이 강하고 한 분야를 거머쥔 성공자들은 이와 같은 삶을 살고 있다. 스스로를 재창조하는 즐거움을 맛보고 자신을 장악하여 소원했던 큰 뜻을 이루어 나간다. 대부분의 사람들은 자신을 감독하는 사람이 없을 때 긴장감이 느슨해지고 집중력이 분산된다. 그저 남들이 해오던 방식을 그대로 따라 하는 일반적인 방식을 택하기 마련이다. 그것이 스트레스가 덜하고 고통 역시 덜하고 편하기 때문이다. 이것이 다수가 살아가는 방식이기도 하다. 하지만 케네디와 같은 소수의 사람들은 다수가 하는 방식을 따르지 않는다. 인생의 주도권을 남에게 넘겨주지 않는 것이다. 자기 자신을 철저히 통제하고 나태해지고 싶은 유혹으로부터 끝없이 저항하며 앞으로 전진한다.

인생에는 누구에게나 반드시 넘어야 할 혹독한 수련의 시간이 있다. 목숨을 걸고 그 길을 뛰어 넘어서는 사람은 소수의 성공자의 삶을 살게 되는 것이고 그 앞에서 머뭇거리거나 망설이며 안전한 길을 찾는 사람들은 언제나 다수의 삶, 누군가의 꿈을 위해 평생 동안 일하는 노동자, 즉 보통 인생을 살게 되는 것이다.

당신은 당신의 삶의 노예인가? 주인인가?